La Palabra de Dios me Habla.

La Biblia es la Palabra de Dios escrita que crea y nutre la fe por medio de la obra del Espiritu Santo y nos lleva ante Cristo, el Verbo encarnado y centro de nuestra fe. La Biblia nos invita a entrar en una relación con Dios, reivindicando nuestras vidas y prometiéndonos una vida en Cristo. La Biblia nos narra las historias de personas que vivieron su fe hace siglos atrás y, por medio de sus peticiones y promesas, nos forma como una comunidad de fe.

Como comunidad de fe unida nos comunicamos entre sí.

Tenemos un llamado como pueblo de Dios. Parte de nuestro llamado es saber, escuchar, compartir y estar profundamente arraigados en Las Escrituras. Somos renovados, animados y fortalecidos por la cruz de Cristo para servir a Dios y a nuestro prójimo.

el libro de la fe
Escritura abierta. Únase al diálogo.

Cómo Abrir el Libro de la Fe

Perspectivas luteranas para el estudio bíblico

Diane Jacobson

Stanley N. Olson

Mark Allan Powell

Augsburg Fortress
MINNEAPOLIS

CÓMO ABRIR EL LIBRO DE LA FE
Perspectivas luteranas para el estudio bíblico

Para mayor información sobre cómo utilizar este libro en el contexto de un grupo, acudan a augsburgfortress.org/bookoffaith.

Copyright © 2008 Augsburg Fortress. Todos los derechos reservados. Excepto por citas breves en artículos de crítica o reseñas, no se puede reproducir parte alguna de este libro en cualquier forma sin previo permiso por escrito de la editorial. Para mayor información, visiten: www.augsburgfortress.org/copyrights o escriban a: Permisos, Augsburg Fortress, Box 1209, Minneapolis, MN 55440-1209.

El Libro de la Fe es una iniciativa de la Iglesia Evangélica Luterana en América.

Las citas de las Escrituras, a no ser que se indique lo contrario, pertenecen a la Nueva Versión Internacional (NVI). Derechos Reservados © International Bible Society. Utilizadas con permiso.

Algunos himnos fueron tomados del Libro de Liturgia y Cántico (LLC) © Casa Editorial Augsburg Fortress.
Escritores del estudio bíblico: Diane Jacobson, Paul Lutz, Kathryn Kleinhans, R. Guy Erwin.
Herramientas de evaluación del Libro de la Fe: Norma Cook Everist.
Editor: Scott Tunseth.
Portada y diseño de interiores: Spunk Design Machine, spkdm.com.

La version en español es una traducción adaptada del inglés.
Editoras: Magdalena Meza, Carmen Rodríguez y la Revda. Dra. Ivis LaRiviere-Mestre†.
Deseamos honrar la memoria de la Rvda. Dra. Ivis LaRiviere-Mestre por su gran dedicación a la revisión de este libro. Esta fue la última obra que realizó.
Agradecemos la colaboración del pastor Nelson Rivera para clarificar algunos textos.

Catalogación en la Fuente de la Biblioteca del Congreso de EE.UU.

Jacobson, Diane L., 1948–
  Cómo Abrir el Libro de la Fe: Perspectivas luteranas para el estudio bíblico / Diane L. Jacobson, Stanley N. Olson.
      p. cm.
  Incluye referencias bibliográficas e índice.
  ISBN 978-0-8066-8061-3 (papel alcalino)
  1. Biblia—Estudio y enseñanza. 2. Biblia—Estudio y enseñanza—Iglesia Luterana.
  3. Iglesia Luterana—Doctrinas. I. Powell, Mark Allan, 1953- II. Título.

BS600.3.J33 2008
220.071—dc22   2008016621

La casa editorial pone a su disposición un descuento en la compra de diez o más copias de este libro. Para mayor información, favor de ponerse en contacto con el departamento de ventas en la Casa Editorial Augsburg Fortress, 1-800-328-4648, o escriban a: Director de Ventas, Casa Editorial Augsburg Fortress, Box 1209, Minneapolis, MN 55440-1209.

El papel utilizado en esta publicación cumple con los requisitos mínimos de la Norma Nacional Estadounidense para las Ciencias de la Información —Permanencia del Papel para Materiales Impresos de Biblioteca, ANSI Z329.48-1984.

Fabricado en EE.UU.

Contenido

Prólogo — vii

1. El Poderoso Libro de Dios — 1

2. ¿Cómo pueden abrirnos la Biblia las perspectivas luteranas? — 23

3. ¿Cómo se puede estudiar la Biblia? — 51

4. Cuatro estudios bíblicos — 72
   - Estudio 1: Éxodo 3:1-15 — 74
   - Estudio 2: Jeremías 1:4-19 — 85
   - Estudio 3: Juan 8:31-36 — 92
   - Estudio 4: Romanos 7:15-25a — 100

Notas finales — 109

Herramientas para la evaluación del Libro de la Fe — 114

Prólogo

En 2007, la asamblea nacional de la Iglesia Evangélica Luterana en América (IELA) aprobó en votación la adopción de una iniciativa llamada el Libro de la Fe. La visión audaz para esta iniciativa de cinco años es:

> Que toda de la iglesia adquiera mayor fluidez en el primer idioma de la fe, el idioma de las Escrituras, para que podamos vivir nuestro llamado como personas renovadas, animadas, llenas de poder y enviadas por La Palabra.

Este libro, *Cómo Abrir el Libro de la Fe*, es su invitación a ser partícipe de esta visión. Por medio de este libro y esta iniciativa, seremos llamados a experimentar de manera más plena el poder de la Palabra y a recordar o aprender de nuevo los enfoques luteranos a las Escrituras que han sido tan fructíferos a lo largo de los siglos.

En el capítulo 1, Stan Olson explora qué piensan las personas luteranas sobre la poderosa Palabra de Dios y por qué hablamos de la Biblia como un Libro de Fe. En el capítulo 2, Mark Allan Powell presenta cómo nos ayudan las perspectivas luteranas a abrir la Biblia. En el capítulo 3, le presentarán cuatro aproximaciones al estudio de la Biblia que se pueden utilizar conjuntamente para profundizar y ampliar su experiencia en el estudio bíblico. Posteriormente se le invita a experimentar el poder de estudiar en acompañamiento los textos bíblicos por medio de cuatro estudios bíblicos para grupos.

La iniciativa del Libro de la Fe requiere de una conversación que sea profunda y amplia, donde se incluya a personas de todas las edades y de las diferentes culturas que conforman quiénes somos como pueblo de Dios. Con el fin de ayudarle en su contexto local, también hemos incluido en este libro dos herramientas para ayudarle a evaluar el compromiso con la Biblia en su congregación u organización. Con el fin de aprender más sobre estas herramientas, la iniciativa del Libro de la Fe, y las diferentes formas en las que puede incorporarse a la conversación y vivir la visión, visite nuestro sitio en internet en www.elca.org/bookoffaith.

    La iniciativa del Libro de la Fe imagina una iglesia renovada y fortalecida para un servicio de fe. Esta renovación puede recibir el impulso de grupos que se reúnen y exploran la Biblia en profundidad. Al abrir las Escrituras e incorporarnos con fe a la conversación, la Biblia volverá a cobrar vida para nosotros. Con la ayuda de Dios descubriremos nuevas formas de oír y compartir la Palabra viva de Dios. El Espíritu de Dios nos ayudará a expresar con mayor fluidez el mensaje bíblico y las perspectivas luteranas únicas que definen quienes somos como pueblo de Dios. Dios nos abrirá —de manera individual y como comunidades de fe— al evangelio, que el Apóstol Pablo declara que "es poder de Dios para la salvación de todos los que creen" (Romanos 1:16).

    De manera que . . . ¡pongámonos en marcha! Abran las Escrituras. Únanse a la conversación.

Diane Jacobson, directora de la iniciativa del Libro de la Fe de la IELA

Para mayor información sobre cómo utilizar este libro en el entorno de un grupo, visiten el sitio en internet: augsburgfortress.org/bookoffaith.

1. El Poderoso Libro de Dios
Stanley N. Olson

> Así como la lluvia y la nieve descienden del cielo,
>   y no vuelven allá sin regar antes la tierra
> y hacerla fecundar y germinar,
>   para que dé semilla al que siembra y pan al que come,
> así es también la palabra que sale de mi boca:
>   No volverá a mí vacía,
> sino que hará lo que yo deseo
>   y cumplirá con mis propósitos.
>   —*Isaías 55:10-11*

> El cielo y la tierra pasarán, pero mis palabras jamás pasarán.
>   —*Marcos 13:31*

La Biblia es sorprendentemente poderosa. La Biblia cambia este mundo lleno de pecado. Por medio de la Biblia, Dios nos hace partícipes con exigencias que nos juzgan. Por este medio, Dios nos hace partícipes con la promesa, el perdón y la esperanza, liberándonos para amar y servir. Por medio de la Biblia, Dios nos lleva a la confianza, a la fe en la buena nueva de Jesucristo. Por medio de la Biblia, el Espíritu de Dios llama, congrega, ilumina y santifica a todo el pueblo de Dios.

La evidencia estadística externa revela la poderosa influencia de la Biblia incluso en nuestro mundo moderno. Es un *best seller* perenne. Se utilizan todas las formas de comunicación para compartir los textos bíblicos. Todo templo eclesial cristiano tiene Biblias en abundancia. Incluso en medio de la pobreza, un hogar cristiano cuenta con una Biblia. El impacto de la Biblia en la cultura, la literatura y la ley es amplio y profundo.

Y lo que es mucho más importante, las prácticas de las personas cristianas demuestran que la Biblia es poderosa. Como estamos tan acostumbrados a que se lea la Biblia en la adoración y que se use como la base para los sermones, quizás no lleguemos a considerar lo sorprendente que es que este antiguo libro todavía reciba tal atención. Las personas leen y estudian el libro porque saben que las hace partícipes, para bien. Por política y en la práctica, las congregaciones, los organismos eclesiales e instituciones afiliadas recurren a la Biblia en busca de orientación. Las encuestas muestran que los estadounidenses en general, y los luteranos en particular, aseguran leer la Biblia con regularidad.

Una palabra de autoridad

Los luteranos dicen que la Biblia tiene autoridad. Al hacerlo, confesamos la fe en el Dios que nos hace partícipes en la misma. Adoramos un Dios vivo, activo, relevante, que sigue en relación con la creación, con la humanidad, con la iglesia, con cada uno de nosotros. Por medio de la Biblia, Dios nos hace partícipes. Dios habla con cada uno de nosotros, con palabras llenas de retos y promesas. Ésa es la autoridad de la Biblia.

De manera que, cuando hablamos de la *autoridad* de la Biblia, afirmamos una promesa. Los luteranos dicen que la Biblia está *inspirada*. El Espíritu de Dios habla en ella. Ésta es una expectativa audaz. Tenemos confianza en que, por medio de la Biblia, Dios se dirigirá a nosotros en nuestras realidades contemporáneas, de igual manera que Dios se ha dirigido a la humanidad a lo largo de los siglos. Alabamos a Dios por su confianza, agradecidamente sorprendidos de que Dios nos haga partícipes por medio de la Biblia.

Decir que un texto escrito es fuente de autoridad podría significar varias cosas. Por ejemplo, un texto podría ser fuente de autoridad porque los conceptos presentados en el mismo suelen ser aceptados. El reglamento oficial de un deporte o juego tiene este tipo de autoridad. Un texto puede ser considerado fuente de autoridad porque es la mejor explicación disponible de un evento, una vida, un lugar o un fenómeno. Historias, biografías, guías de viaje y artículos científicos pueden tener tal autoridad. Para la comunidad luterana, la Biblia incluye tales elementos de fuente de autoridad, aunque su autoridad efectiva tiene otro origen.

La Biblia es fuente de autoridad porque comunica la gracia de Dios en Jesucristo. La gracia llega a nosotros como ley y evangelio, como exigencia y promesa. La Biblia nos es fuente de autoridad porque nos permite encontrar la palabra misericordiosa de Dios, que se reveló en Jesús de Nazaret. De hecho, la Biblia nos es fuente de autoridad de manera muy similar a cómo Jesucristo fue fuente de autoridad para aquellas mujeres y hombres del siglo primero que se convirtieron en sus discípulos. Encontraron a Dios en él. Nosotros encontramos a Dios por medio de la Biblia porque nos remite de manera eficaz a Jesucristo. Un erudito luterano de la década de los 30 describe este enfoque central en Jesús de la siguiente manera: "Debemos volver a afirmar nuestra actitud luterana hacia las Escrituras desde el punto de vista cristocéntrico. Las Escrituras van más allá del registro histórico de la revelación de Dios en Cristo. La Palabra de Dios tiene un centro, el Propio Cristo".[1] Dios en Jesucristo hace partícipes a las personas por medio de la Biblia. El libro es un medio de gracia.

Por lo tanto, y éste es un "por lo tanto" muy importante, los luteranos empiezan con lo que la Biblia *hace*, en lugar de empezar con afirmaciones sobre su naturaleza u origen. Los luteranos no creen que se deba confiar en la Biblia para hacer posible la fe. Más bien, sabemos que la Biblia crea fe en quienes la escuchan. Por lo tanto, para posibilitar que las personas crean, las invitamos a la comunidad de fe para escuchar con nosotros a Dios hablar por medio de la Biblia y de la proclamación. Nos sentimos seguros al anticipar que el Espíritu de Dios fomentará la confianza en quienes leen y escuchan la Biblia. Nuestras costumbres luteranas demuestran esta confianza.

Por ejemplo, no se pide a las personas que declaren su creencia en la Biblia en ritos importantes como el Bautismo o la Confirmación, ni siquiera cuando se hacen miembros. Más bien se les pide que permitan a la Biblia hacerles partícipes. Los luteranos no intentan *demostrar* que la Biblia está inspirada por Dios o que es fuente de autoridad. Más bien testificamos de lo que hemos experimentado junto a otros creyentes: La Biblia es poderosa porque, en ella, Dios se dirige a nosotros con exigencias y promesas. Es fuente de autoridad para nosotros. Cambia las vidas. Como dice un maestro luterano: ". . . la autoridad de las Escrituras reside en la del evangelio y su contenido —la presencia salvífica de Dios en la persona e historia de Jesucristo. . . . La iglesia atestigua la Biblia sólo en nombre del evangelio, y al

3

evangelio sólo en nombre de la reconciliación del mundo por obra de Dios en la muerte de Jesucristo. . . ."[2]

Cuando los luteranos hablan de la autoridad bíblica, dicen que el poder de la Biblia tiene su origen en Dios por medio de Jesucristo, y que este poder se conoce por medio del Espíritu de Dios. El poder no pertenece al libro en sí. La Biblia es poderosa —llena del poder de Dios, al igual que Cristo. Este poder no se separa de Dios para quedar en las palabras impresas en la página. En ella vive la voz de Dios. Por otro lado, aunque el poder de la Biblia es percibido en su efecto sobre el interlocutor que experimenta las exigencias y promesas, el poder no depende de quienes escuchan.
La autoridad de la Biblia procede de Dios. Las personas que creen en la Biblia no son quienes que la invisten de autoridad. Cuando hablamos de la autoridad de las Escrituras, queremos decir que —en las mismas— Dios se dirige a nosotros de manera poderosa.

El Libro de la Fe

> Así que la fe viene como resultado de oír el mensaje, y el mensaje que se oye es la palabra de Cristo.
> —*Romanos 10:17*

Ser partícipe con Dios es convertirse en una persona de fe, que confía en el Dios que se revela en Jesucristo. La autoridad de la Biblia se muestra cuando Dios crea fe, por medio de la exigencia y la promesa. Sí confiamos en la Biblia. Sin embargo, nuestra confianza en el libro depende de nuestra confianza en Dios, el Padre, el Hijo y el Espíritu Santo. La Biblia es un medio por el cual Dios comunica la gracia, por medio de Jesucristo. La Biblia fortalece la fe.

La Biblia también tiene su origen en la fe. Desde el principio, Dios utiliza a las personas de fe para recordar y revelar el compromiso de Dios con la humanidad. Las personas de fe, con el tiempo, escriben las historias, poesía, profecías, perspectivas y conversaciones provenientes del compromiso de Dios con las personas. Las partes de la Biblia, y al final su totalidad, fueron preservadas y utilizadas por las personas de fe. Dios creó esa fe también.

Y la Biblia es un libro de fe porque se nos invita a acercarnos a ella con fe —fe en Dios que nos salva por medio de Cristo y fe en que Dios nos hará partícipes, a todas las personas, por medio de estos textos. Cuando abrimos las Escrituras, nos incorporamos a una conversación en la fe, una conversación que sostiene el poderoso libro de Dios. Y la misma fe con la que nos acercamos a los textos es también creación de Dios.

La Biblia es el poderoso libro de fe de Dios —para la fe, desde la fe, en la fe. Se dice que la Biblia es "sagrada" porque ha sido reservada por Dios para la humanidad con el fin de comunicarnos a Cristo y fortalecernos en la fe.

La poderosa Palabra de Dios

> Y dijo Dios: «¡Que exista la luz!». Y así sucedió. Dios miró todo lo que había hecho, y consideró que era muy bueno.
> —*Génesis 1:3, 30-31*

> En el principio ya existía el Verbo, y el Verbo estaba con Dios, y el Verbo era Dios.... Y el Verbo se hizo hombre y habitó entre nosotros....
> —*Juan 1:1, 14*

Dios habla en Jesús, el Cristo.

Dios habla por medio de los creyentes que cuentan la historia del amor de Dios en Jesucristo.

Dios habla por medio de la Biblia.

Estas tres convicciones forman parte de una sola verdad. Juntas declaran los cimientos de la fe.

Dios habla. Como pueblo luterano estamos tan familiarizados con esta afirmación que quizás no percibamos su audacia. Tenemos confianza en que Dios habla. Escuchamos esta hipótesis en los textos que se leen en la adoración y en el entendimiento de que los textos deben leerse en la adoración. La escuchamos en sermones y en el entendimiento de que la adoración debe incluir sermones. Se afirma en respuestas litúrgicas familiares, como "Es la Palabra del Señor", y en la conversación de todos los días entre los cristianos: "Estaba hoy leyendo los Salmos y Dios en verdad me habló". "Pastor, Dios me habló hoy por medio de su sermón". En tales prácticas y lenguaje, la comunidad luterana muestra su confianza en un Dios que no está ausente, distante o desconectado. Dios está presente al pronunciarse la Palabra de Dios.

La propia Biblia continuamente manifiesta a Dios hablando —directamente, por medio de los profetas, apóstoles, líderes y poetas, en Jesús de Nazaret, en los textos de las Escrituras. La Biblia asume que Dios se dirige a las personas.

La Confesión de Fe de la Iglesia Evangélica Luterana en América afirma e ilumina cuidadosamente tres aspectos de la poderosa expresión de Dios:

> 2.02. Esta iglesia confiesa que Jesucristo es el Señor y Salvador y que el Evangelio es el poder de Dios para la salvación de todos los que creen.
>
> a. Jesucristo es la Palabra de Dios encarnada, por medio del cual todo fue hecho y por cuya vida, muerte y resurrección, Dios diseña una nueva creación.
>
> b. La proclamación que se nos da del mensaje de Dios como ley y evangelio es la Palabra de Dios, que revela el juicio y la misericordia por medio de palabra y obra, empezando por la Palabra en la creación, siguiendo con la historia de Israel y centrándose en toda su plenitud en la persona y la obra de Jesucristo.
>
> c. Las Escrituras canónicas del Antiguo y el Nuevo Testamento son la Palabra escrita de Dios. Inspiradas por el Espíritu de Dios que habla por medio de sus autores, registran y anuncian la revelación de Dios centrada en Jesucristo. Por medio de ellas, el Espíritu de Dios nos habla para crear y sostener la fe y para crear comunidad cristiana para servir en el mundo.[3]

Estos párrafos constitucionales son, antes que nada, un testimonio de la verdad. Las palabras describen la triple experiencia cristiana de que Dios se dirija a nosotros —por medio de Jesucristo, por medio de lo que dicen otros creyentes y por medio del texto de la Biblia. Este lenguaje también muestra el compromiso de la iglesia para oír la Biblia de manera que podamos oír lo que Dios nos habla. Además, estos párrafos afirman que los miembros individuales de la iglesia escucharán con expectación. Y, por último, estas palabras constitucionales son también una invitación evangélica para cualquiera: "Escuchen con nosotros".

Adviertan, en el lenguaje constitucional, que la frase de introducción y cada una de las tres oraciones que la completan hacen referencia a Jesucristo. Los luteranos están convencidos que Jesucristo es la Palabra definitiva de Dios y que la principal función de la Biblia es comunicarnos a Cristo.

Esta sección de la Confesión de Fe de la IELA empieza con una referencia a "la salvación de todos los creyentes", y finaliza con ". . . servir en el mundo". Creemos que la Palabra de Dios es para todo el mundo. La Biblia se dirige al bien de todos, directamente por medio del compromiso de Dios e, indirectamente, por medio del servicio de quienes Dios ha hecho partícipes.

La comunidad luterana cree que la Palabra de Dios por medio de la Biblia es para cada persona en su propia vida, pero nuestra confianza en las personas individuales es inseparable de la convicción de que la Biblia es un don heredado y compartido. La Biblia ha sido dada a la totalidad de la iglesia de Cristo. Recibimos este don de aquellas personas que formaron parte de la iglesia de Cristo antes que nosotros, y oímos la Biblia ahora en compañía de todas las demás personas que la consideran fuente de autoridad.

Estas declaraciones son prominentes en la Confesión de Fe constitucional de la IELA porque esa creencia es esencial para nuestra identidad como iglesia. Cuando alguien dice: "Los luteranos leen la Biblia", podría ser meramente una descripción, y algunos podrían discutir su exactitud demográfica. Sin embargo, "los luteranos leen la Biblia" es una declaración donde se vierte la interpretación de la persona misma. Incluso cuando no actuamos en base a esa declaración, sabemos que es verdad. La Biblia es donde Dios habla, así que no tenemos identidad sin ella. Somos personas individuales, congregaciones, sínodos, ministerios e instituciones de la Biblia. Compartimos esta confesión con todo el pueblo luterano.

La Biblia es fuente de autoridad porque Dios habla en ella. Eso significa que los seres humanos no tenemos el control del mensaje de Dios para nuestras vidas de fe, individualmente y como iglesia. Dios nos hace totalmente partícipes, con nuestros intelectos y nuestra experiencia y nuestros contextos, pero es Dios quien habla, y nosotros no tenemos el control. Este volumen de *Cómo Abrir el Libro de la Fe* habla de las perspectivas y métodos luteranos para el estudio bíblico y los demuestra. Los luteranos pondrán su mejor reflexión y su trabajo arduo en el estudio de la Biblia, pero siempre tienen la intención de reconocer la voz de Dios por medio de sus perspectivas y métodos. Los luteranos se esfuerzan por escuchar con atención, oyendo la Palabra viva de Dios para esta iglesia y nuestras vidas, en esta época.

La Palabra de Dios no sólo transmite información; nos hace partícipes. Esta realidad y la manera en que funciona se pueden describir de diferentes maneras. Una imagen útil es que la Palabra de Dios crea un mundo al que somos invitados.[4] Dios nos da la bienvenida y nos ayuda a habitar este mundo donde se proclaman la ley y el evangelio. Es en este mundo donde morimos a todo lo que es extraño a Dios y en el que recibimos la vida por la promesa inherente al hecho de que Dios nos hable. Por ponerlo de otra manera, la Palabra de Dios es como un lente que nos ayuda a ver el mundo y nuestra vida de una manera real. Por medio del compromiso con la Biblia, reconocemos nuestros temores y fracasos, pero eso es sólo una parte de la realidad. Gracias a la buena nueva del evangelio, también vemos y experimentamos perdón, alegría y esperanza.

Con gran eficacia durante más de dos mil años, la Biblia ha proyectado esta visión de la realidad de Dios, y una comunidad ininterrumpida ha encontrado su identidad en ella. La visión de la Biblia incluye a un Dios misericordioso y justo a quien es debida una obediencia agradecida. La Biblia revela a Dios, quien es conocido sobre todo en la vida, muerte y resurrección de Jesús, quien se encuentra presente de manera poderosa en la vida diaria y libera a las personas de la atracción mortal del narcisismo rebelde. Vivimos en este mundo de la Biblia.

Otra imagen es que la Palabra se convierte en nuestro alimento y bebida. Al profeta "Ezequiel, durante su llamado para convertirse en profeta, se le entregó un rollo escrito y se le ordenó que lo comiera. . . . (Ezeq 3:1) El episodio proporciona una imagen vívida de cómo se deben internalizar las

Escrituras, influyendo en cada fibra del ser y la identidad de una persona".[5] La voz de la sabiduría de Dios en Isaías 55 utiliza la misma imagen—¡Venid, comed y bebed! La Palabra de Dios se torna vital para nuestras vidas. Continuamente necesitamos recibirla en nuestro propio interior donde nos alimenta.

La fluidez es una imagen especialmente útil para una iglesia convencida de que Dios habla. El compromiso de Dios con nosotros es tan completo que el lenguaje de la revelación que Dios hace de sí mismo se convierte en el nuestro. La Biblia nos enseña nuestra lengua materna. Aprendemos y practicamos ese idioma en la liturgia, los credos, los símbolos, los cánticos, los himnos y la conversación diaria.

> Necesitamos recordar que todas las formas de la lengua materna para la fe se remiten a una matriz ("matriz" es una palabra latina derivada de *mater*, "madre"): la tierra materna es las Escrituras. . . . Las Escrituras como la matriz común, la tierra materna de todas las formas de lengua materna cristiana—¿podría ser ésta la respuesta a la búsqueda —por su idioma— de la fe de la experiencia?[6]

Deseamos aceptar la oferta de Dios de la fluidez en nuestra lengua materna de manera que podamos oír claramente las palabras de exigencia y promesa que nos da la vida, y de manera que podamos alabar fielmente a Dios por el don que hemos experimentado y podemos compartir. La fluidez la da el conocer bien la Biblia, pero empieza, sencillamente, por oír la proclamación cristiana, y crece por la gracia. Dios nos permite llevar a nuestros labios palabras portadoras de bienestar. Los pastores y las pastoras y otros ministros públicos de la Palabra pronuncian estas palabras en nuestro nombre. Y cada persona pronuncia estas palabras y comunica la gracia en nuestra conversación con los demás— de padre a hijo, de vecino a vecino, de trabajador a trabajador, de amigo a amigo. Como dijo Lutero, somos Cristo los unos para con los otros.

Un pueblo moldeado por la Biblia

> Por tanto, vayan y hagan discípulos de todas las naciones . . . enseñándoles a obedecer todo lo que les he mandado a ustedes.
> *—Mateo 28:19-20*

> Toda la Escritura es inspirada por Dios y útil para enseñar, para reprender, para corregir y para instruir en la justicia, a fin de que el siervo de Dios esté enteramente capacitado para toda buena obra.
> *—2 Timoteo 3:16-17*

La Palabra de Dios crea un mundo en el que vive toda la iglesia. Nos nutre como el alimento y la bebida. La Palabra nos da el lenguaje, y la fluidez en ese lenguaje nos permite oír a Dios con mayor claridad y enunciar la Palabra de Dios con mayor efectividad en nuestras propias palabras y obras. La Palabra moldea nuestras vidas individualmente y en acompañamiento como la iglesia de Cristo. Esto se afirma en la Confesión de Fe de la IELA:

> Esta iglesia acepta las Escrituras canónicas del Antiguo y Nuevo Testamento como la Palabra inspirada de Dios y el origen de la fuente de autoridad y norma de su proclamación, fe y vida.[7]

Los términos *proclamación, fe,* y *vida* no se deben entender de forma separada, sino que indican las diferentes formas en que la vida de esta iglesia debe ser moldeada constantemente por la Palabra.

Nuestra proclamación— Cualquiera que se comprometa a hablar en nombre de Dios debe utilizar el precepto de las Escrituras. Las congregaciones, sínodos, asambleas, personal, miembros, agencias y ministerios de la IELA contrastarán con la Biblia las palabras de exigencia y promesa. Esperamos, los unos de los otros, una fluidez que permita que se oigan la ley y el evangelio de Dios. El pueblo luterano confía en que Dios habla por medio de las personas, hoy como siempre, pero la Biblia es la fuente y norma que nos permite hablar y oírnos entre sí con certeza.

Nuestras creencias— Como la IELA, el centro de nuestra confianza y nuestras formulaciones de la fe viene determinado por las Escrituras. Los credos, confesiones y doctrinas de la iglesia son pautas para nosotros por tanto, y en cuanto, sean explicaciones y resúmenes fieles de la Palabra de Dios en las Escrituras. Esperamos que todos los intentos de reformulación proclamen la misma fe y comuniquen libremente la exigencia y promesa de la Palabra.

Nuestra vida— La Biblia moldea el comportamiento individual y la vida institucional de la IELA. Determina nuestro compromiso con la evangelización, con el congregarnos para la adoración, con la enseñanza de la fe. La Biblia exige de esta iglesia que tenga estructuras y políticas que den libertad a Dios para hablar. Institucional e individualmente, buscamos tomar debidamente en cuenta el pecado y el poder justificador de Dios. Tenemos confianza en que Dios está activo en la realidad cotidiana de la iglesia como cuerpo de Cristo. Esta iglesia es una defensora de los débiles en situaciones donde ha concluido colectivamente que las Escrituras exigen tal defensa. Así, por ejemplo, los pronunciamientos sociales de la IELA reflejarán un estudio atento del testimonio total de las Escrituras. Somos un pueblo realista porque la Biblia nos muestra que el pecado es omnipresente. Somos un pueblo con esperanza porque la Biblia nos muestra un Dios de esperanza. Respetamos a todas las personas y al mundo que nos rodea porque la Biblia nos muestra a un Dios que a todos llama y ama.

La Biblia moldeará nuestra proclamación, nuestra fe y nuestras vidas. La Iglesia Evangélica Luterana en América espera este efecto en sí misma. Esperamos que las demás personas lo vean en nosotros. Ser moldeados por la Biblia forma parte de nuestra identidad como iglesia luterana e, individualmente, como comunidad cristiana luterana.

Aquí es necesaria una palabra de advertencia. La Biblia moldea esta iglesia y nuestras vidas individuales, pero seguimos dependiendo de escuchar la Palabra de Dios. No podemos pensar nunca que hemos determinado con precisión cómo vivirán y se organizarán los cristianos. Las Escrituras son la fuente y la norma, no nuestras interpretaciones de las Escrituras. A la hora de hablar, de formular la doctrina y de guiar las vidas, los luteranos actúan con confianza porque estamos convencidos de que Dios nos hace partícipes y nos guía en todos estos campos. Sin embargo, nunca colocamos nuestras interpretaciones de la Palabra de Dios en igualdad con las Escrituras. Nosotros no tenemos el control. Dios habla por medio de las personas individuales y por medio de la iglesia y sus instituciones, pero sólo la Biblia es el estándar completamente confiable. En el espíritu del debate, incluso Martín Lutero puede ocasionalmente haberse olvidado de conservar su humildad con respecto a sus propias interpretaciones, pero la humildad sobre nuestras certezas proviene de nuestro convencimiento de que es Dios quien habla.

Así pues, los luteranos siempre han entendido que las tradiciones y creencias de la iglesia, incluidos los Credos, la Confesión de Augsburgo, el Catecismo Menor y los demás documentos confesionales luteranos, son sólo normativas porque, y hasta el grado que, comunican correctamente la Palabra de Dios encontrada en la Biblia. De manera similar, las prácticas y políticas de la iglesia, los pronunciamientos morales, los sermones particulares, los comentarios y devocionales, las liturgias, los himnos y otras producciones humanas están todas subordinadas, aunque son maravillosamente útiles para el propósito de Dios. Claramente, esta subordinación aplica a todas nuestras interpretaciones de las Escrituras. La prueba luterana es la ya mencionada varias veces: ¿se escuchan estas palabras como la ley y el evangelio de Dios?

¿Quién responde esa pregunta de prueba? No depende de cada persona individual. Martín Lutero fue un crítico abierto que desafió siglos de interpretaciones eclesiales aceptadas. Nosotros, que somos sus descendientes, no olvidamos el impacto transformador del mundo que tuvo su voz solitaria, sino que siempre afirmamos que la Biblia pertenece a la totalidad de la iglesia —la iglesia a través de los siglos y alrededor del mundo. Las cuestiones de la fe se debaten en comunidad —creyente con creyente, como congregación, como denominación, y en grandes reuniones. Dado que las interpretaciones eclesiales, no importa lo antiguas y aceptadas que sean, nunca están a la par de la voz de Dios en las Escrituras, la voz de un solo cristiano puede proclamar una perspectiva única y nueva. Sin embargo, ninguna voz cristiana puede reclamar de manera individual el derecho a subvertir la tradición. Lutero fue reivindicado por la amplia aceptación de sus descubrimientos en las Escrituras, no por el poder de sus argumentos. Un gran consenso merece atención pero siempre se encuentra subordinado a la Palabra.

Podría parecer irónico que los luteranos tengan tanta confianza en la Palabra de Dios y también tanta humildad sobre nuestra capacidad para oír la palabra con precisión. Pero, de hecho, estas dos cosas deben ir de la mano. La Palabra de Dios no es algo que poseamos. Siempre le pertenece a Dios. Nombrar la autoridad de las Escrituras es una declaración sobre la Biblia y sobre Dios. El lenguaje de la autoridad bíblica sin duda no se basa en nuestra propia confianza para hablar por Dios. Nuestra confianza es humilde, y está llena de expectación.

Cómo abrir, con expectación, el poderoso libro

> Que habite en ustedes la palabra de Cristo con toda su riqueza: instrúyanse y aconséjense unos a otros con toda sabiduría; canten salmos, himnos y cánticos espirituales a Dios, con gratitud de corazón. Y todo lo que hagan, de palabra o de obra, háganlo en el nombre del Señor Jesús, dando gracias a Dios el Padre por medio de él.
> —*Colosenses 3:16-17*

> El que tenga oídos, que oiga lo que el Espíritu dice a las iglesias.
> —*Apocalipsis 3:22*

Al abrir la Biblia —el libro de la fe que tiene normas para todo en la vida— los luteranos no tienen dudas ni recelos. Más bien, practicamos la expectación. El Espíritu está activo. Reconocemos el poder de la Palabra de Dios y sabemos que las cosas poderosas deben manejarse con cuidado. El objetivo de este cuidado, sin embargo, no es protegernos a nosotros, a nuestras instituciones o a nuestras interpretaciones, sino permitir que el poder haga la obra prevista. La Palabra de Dios por medio de la Biblia debe de tener vía libre para ser ley y evangelio para el bien de los pecadores. Nos acercamos a los textos bíblicos no con temor o dudas, sino con la disposición expectante apropiada para la fe en el Dios que habla en Jesucristo. Tenemos la intención de dejar que la palabra de Cristo more con gran provecho en nosotros por medio de las Escrituras, de forma que pueda cambiar nuestras vidas y este mundo.

Con nuestras hipótesis luteranas sobre la Palabra de Dios y sobre la Biblia como instrumento de esa Palabra, elegimos formas de abrir la Biblia que reconozcan la naturaleza de su autoridad. No utilizaremos métodos que asuman que la Biblia es sustituta eficaz de Dios. Ni asumiremos que nuestras perspectivas y conclusiones de este libro abierto puedan sostenerse sin la Biblia como norma continua. En el capítulo 2, Mark Allan Powell explorará las perspectivas luteranas que nos dan a conocer la Biblia. En el capítulo 3, Diane Jacobson nos guiará por medio de métodos de estudio bíblico que son fieles a las convicciones luteranas.

Al acercarnos a las Escrituras, la base es la expectativa de fe. Confiamos en que Dios va a hablar por medio de los textos que oímos. Ni las precauciones anteriores ni las frustraciones presentes sobre lo que se oye deben distraernos de esa confianza.

La expectativa se muestra a sí misma en la práctica luterana. La adoración luterana tiene un enfoque dual, basado en la Palabra. Nosotros *proclamamos* la Palabra bíblica, y nosotros *celebramos* el Santo Bautismo y la Santa Comunión con textos bíblicos que les dan fuerza. La IELA entiende la proclamación de la Palabra en un sentido amplio:

> La proclamación de la Palabra incluye la lectura pública de las Escrituras, la predicación, la enseñanza, la celebración de los sacramentos, la confesión y la absolución, la música, las artes, las oraciones, el testimonio cristiano y el servicio. La totalidad del ministerio educativo de la congregación participa en la proclamación de la Palabra.[8]

El propio lenguaje de la adoración luterana se extrae, de manera intencional y abundante, de la Biblia. Dentro de toda esta amplitud, los luteranos, históricamente, han dado distinción al sermón en la adoración y al estudio de la Biblia por parte de los líderes de la iglesia. El compromiso de oír las Escrituras se hace evidente desde el principio de la vida cristiana. Se recuerda a los padres y a otras personas que llevan a los niños al bautismo sus responsabilidades, que incluyen "vivir con ellos entre el pueblo fiel de Dios . . . (y) colocar en sus manos las sagradas escrituras . . ."[9] a los confirmandos y otros que afirman su alianza bautismal se les pregunta por su intención . . . "de vivir entre el pueblo fiel de Dios, oír la Palabra de Dios y compartir la Cena del Señor. . . ."[10]

El compromiso de oír la Palabra moldea las prácticas cristianas tanto comunitarias como individuales. Se alienta la lectura diaria de la Biblia para que la Palabra de Dios pueda moldear nuestras vidas y guiar nuestras decisiones. Para el pueblo luterano, el uso individual de los leccionarios diarios, las guías de devocionales y disciplinas como la *Lectio Divina* y la meditación siempre se entiende que tiene lugar dentro del contexto de la comunidad total de la fe. Este contexto refleja nuestra convicción de que la Palabra de Dios es para todas las personas y nunca una posesión privada.

Las convicciones luteranas llevan a utilizar la Biblia para la proclamación, la adoración, el estudio y el discernimiento, de manera que la Palabra de Dios pueda hablarnos al igual que a otras personas. Las hipótesis y enfoques mencionados aquí y en los siguientes capítulos sin duda no son únicos de los luteranos, pero reflejan nuestras convicciones sobre las Escrituras. Estamos moldeados por la certeza de que Dios habla por medio de la Biblia. Eso nos lleva a una mayordomía cometida de la Biblia y a una humildad con respecto a nuestras afirmaciones y conclusiones.

Obstáculos humanos a la poderosa Palabra de Dios

> Queridos hermanos, no crean a cualquiera que pretenda estar inspirado por el Espíritu, sino sométanlo a prueba para ver si es de Dios, porque han salido por el mundo muchos falsos profetas. En esto pueden discernir quién tiene el Espíritu de Dios: todo profeta que reconoce que Jesucristo ha venido en cuerpo humano, es de Dios; todo profeta que no reconoce a Jesús, no es de Dios.
> —1 Juan 4:1-3a

No todas las prácticas para acercarse a la Biblia son útiles. Los luteranos debemos cuestionar, e incluso desafiar, a algunas. Algunos enfoques no reflejan nuestra convicción de que la Biblia es el medio de gracia de Dios. Algunos enfoques cuestionables incluyen a cualquiera que trate a las Escrituras como si la autoridad perteneciera únicamente a las palabras, en lugar de al Dios que habla y nos hace partícipes por medio del texto. En cambio, algunos otros enfoques son cuestionables porque ignoran la certeza de que Dios ha elegido hablar por medio de palabras humanas y escritores humanos.

Los acercamientos a las Escrituras pueden sugerir, de manera intencional o descuidada, que el lector o algún método es quien tiene el control del significado. Este error puede ser revelado cuando un intérprete o un grupo implica que su interpretación particular debe ser correcta y muestra falta de respeto por la fidelidad de los esfuerzos de los demás para escuchar. Nuestras interpretaciones del compromiso de Dios deben demostrar tanto confianza en el Dios que habla como humildad con respecto a nuestra propia sabiduría, sabiendo que el don de la Biblia ha sido otorgado a la totalidad de la iglesia. Lo que nosotros oímos no tiene prioridad sobre la voz de Dios, pero Dios sí se dirige a nosotros. La prueba, como dice 1 Juan, es si nuestros enfoques permiten al Espíritu de Dios señalarnos a Jesucristo hecho carne. La Palabra es para este mundo humano, pero sigue siendo la Palabra de Dios.

Leer la Biblia sin comunidad puede ser problemático. Toda persona cristiana es llamada a oír los textos en su vida. Los pequeños círculos de cristianos deben oír los textos para su propio contexto. Las dificultades surgen cuando ese oír se desconecta de la totalidad de la comunidad de Cristo. Las lecturas sin comunidad pueden provocar desesperación. Se debe oír el evangelio de labios de otra persona; no se puede, sencillamente, proclamárselo a sí mismo. Las lecturas sin comunidad también pueden ser arrogantes, asumiendo descuidadamente que Dios ha revelado una verdad que no ha mostrado a nadie más. Por supuesto, una perspectiva única puede provenir de Dios, pero las perspectivas siempre son probadas por el discernimiento dentro de la comunidad cristiana más amplia, incluida la comunidad que se remonta a siglos atrás y que abarca a todo el mundo. Los luteranos dudarán de cualquier aproximación que asegure una certeza sin estar en conversación continua con la totalidad de la comunidad del libro de la fe.

Se debe rechazar la lectura de la Biblia sin sus contextos. Dios ha elegido revelarse a sí mismo por medio de las memorias e interpretaciones humanas, transmitidas y puestas en una escritura humana, reunidas y preservadas por los humanos. Esto significa que debemos considerar el vocabulario y la gramática de los pueblos antiguos. Debemos prestar atención a las costumbres literarias, sus formas y contextos. Debemos conocer la historia de la comunidad de fe y del texto. Arrancar las palabras del contexto elegido por Dios es arriesgarse a no oír bien la voz de Dios. Las palabras de la Biblia no surgen por sí solas sin el Dios que las habita. Las frases específicas no están desconectadas del resto de la Biblia o del Dios que las inspira. La vida y enseñanzas de la iglesia no se pueden basar en otra cosa que no sea la gracia de Dios.

La lectura bíblica sin expectativas, o con una expectativa limitada, puede ser la lectura más equivocada y peligrosa de todas. Quizás no esperemos en realidad que Dios se dirija a nosotros, o quizás pongamos límites conscientes o inconscientes en lo que esperamos oír. Los luteranos saben que Dios le habla a la totalidad de la vida —a cada persona en los llamados de nuestras vidas cotidianas. Sin embargo, por lo general no esperamos toda la amplitud y poder de la Palabra de Dios. Por ejemplo, los cristianos pueden estar sometidos a una expectativa estrecha, como si la Biblia sólo le hablara a una parte de la vida que llamamos "religiosa" o "espiritual". La Biblia es para el lunes tanto como para el domingo. Otra expectativa inadecuada confunde la integración de la ley o el evangelio en las palabras de Dios. Por un lado, algunos no perciben el poder de reto a la vida en la Palabra de Dios al esperar de la Biblia que sólo sea una colección de reglas y pautas que pueden dominarse. Por otra parte, algunos no perciben la orientación del futuro del evangelio, viendo al evangelio tan sólo como una cómoda liberación de pasados errores. Algunos sólo buscan mensajes gloriosos y edificantes de la Biblia —leyendo como si Cristo no hubiera sido crucificado y como si la Biblia no presentara a un Dios activo incluso en medio del pecado y el mal.

La lectura bíblica sin el cuidado y la atención a la naturaleza de la Biblia puede limitar la autoridad efectiva que tienen las Sagradas Escrituras para nosotros. La Biblia, después de todo, es un libro antiguo y complejo. Aún con buenas traducciones, por lo general no tenemos familiaridad con su idioma e imágenes. Consideren esta analogía: Imaginen a una persona que entra por primera vez en su vida a una gran biblioteca pública o a una librería. ¿Debe esa persona empezar a leer el primer libro en el estante superior del primer anaquel de la derecha y seguir en secuencia por toda la colección? Probablemente no. La persona necesita una orientación y probablemente quien le acompañe para guiarle si quiere utilizar de manera fructífera tales colecciones de libros. De igual manera, la Biblia es una colección de escritos, una biblioteca. Pueden ser esenciales la orientación y la compañía de personas. De igual manera, como con los libros individuales en una biblioteca o librería, los libros de la Biblia hablarán con mucha mayor claridad si recibimos ayuda. Aunque los luteranos creemos, llenos de confianza, que Dios habla por medio de la Biblia a todas las personas, también creemos que la guía interpretativa de otros cristianos puede ser un don de Dios. Algunos de estos guías pueden ser expertos. Algunos serán fieles escuchas, otros con más experiencia que la nuestra. La Biblia es fundamentalmente clara. Habla en su sentido fiel, y es de sabios leerla juntos. Puesto que entendemos que la Biblia ha sido dada a la totalidad de la iglesia, nos abrimos a la sabiduría de los demás. La colaboración es un aspecto vital de permitir que Dios nos haga partícipes por medio de las Escrituras.

Las interpretaciones diferentes y contrapuestas suelen oscurecer la función de fuente de autoridad de la Biblia. Vemos desacuerdos con respecto a las Escrituras entre las personas, dentro de las congregaciones, en las denominaciones y de un extremo a otro de la cristiandad global. Parte de esta diversidad proviene de la pereza, el descuido o la ignorancia, aunque lo más frecuente es que el conflicto surja entre interpretaciones de creyentes que tienen un compromiso igual con los textos de la fuente de autoridad e igual diligencia para estar abiertos a la voz de Dios en Jesucristo. El desacuerdo no es nuevo. Los desacuerdos han formado parte de la experiencia de la fe desde el principio. La propia Biblia reporta disputas entre los miembros del pueblo de Dios con respecto a la Palabra de Dios. Sin embargo, ver tales desacuerdos, antiguos y modernos, puede incomodarnos y amenazar nuestra confianza en que Dios esté hablando. Puede socavar en nosotros la autoridad de la Biblia. Nos preguntamos por qué Dios no soluciona nuestras diferencias. Enfrentados a interpretaciones divergentes, los luteranos considerarán con cuidado si estamos haciendo las preguntas acertadas y, lo que es más importante, si estamos respetando la naturaleza de la autoridad de la Biblia. ¿Estamos intentando controlar las Escrituras y obligarlas a responder nuestras preguntas, o estamos permitiendo —más fielmente— que las Escrituras nos interroguen? La convicción luterana de que Dios habla en las Escrituras como exigencia y promesa no respalda la idea de una Biblia que responderá todas las preguntas y problemas que le llevemos. No le decimos a Dios o a la Biblia: "¡Soluciona esto! Soluciona lo otro!" Sin embargo, en oración podemos decir: "Nosotros y nuestras hermanas y hermanos nos sentimos perplejos, y buscamos escuchar tu Palabra de manera intencional. Guíanos por medio de tu Espíritu".

Nuestro ancla para enfrentar los desafíos de interpretaciones contrapuestas es la misma creencia de fundamento: Dios en Jesucristo habla por medio de la Biblia. El Espíritu de Dios nos guía en nuestra acción de oír. Por lo tanto, regresamos a los textos. La Biblia es el punto fijo que nos ha sido dado. Es la norma. Nuestro compromiso con esta autoridad nos lleva a tratar cualquier desacuerdo cristiano como una conversación que se mantiene abierta. Adoptamos esa posición, recordando la hipótesis luterana fundamental de que la Biblia habla con claridad. Hasta que oigamos con claridad, buscamos ser pacientes. Dios sí habla. La Palabra nos interpreta, así que nos aferramos a ella con esperanza, con nuestras diferentes interpretaciones. "Ahora vemos de manera indirecta y velada, como en un espejo; pero entonces veremos cara a cara" (1 Cor 13:12). Nos mantenemos atentos. Y desafiamos a unirse a nosotros con esperanza a quienes hayan perdido su expectativa. Como luteranos, confiaremos en los acercamientos a las Escrituras que durante generaciones han demostrado ser tan fructíferos. Los recomendamos a los demás. Escuchamos con confianza.

> En una iglesia que, por confesión, está comprometida con la Biblia como su norma y regla, no nos podemos separar de ella. Podemos considerar esta situación con crujir de dientes y puños apretados, como un estar condenados a vivir para siempre con una fuente de autoridad incurablemente defectuosa. Por otra parte, podemos considerar la necesidad de esforzarnos con esta incómoda Biblia como un privilegio, como una oportunidad de estar siempre comenzando el diálogo que el Dios vivo y eterno ha iniciado para nuestro beneficio.[11]

Por último, por supuesto, la negligencia es un reto continuo a la autoridad de la Biblia. Dios no puede hablar por medio de palabras que no se leen, oyen o conocen. En la comunidad de fe, tal negligencia nunca es absoluta, por supuesto. Las palabras del poderoso libro de Dios siempre están ahí, y Dios encuentra formas de ser escuchado. Sin embargo, el pecado infecta incluso nuestra atención fiel a la autoridad de la Biblia y nuestra capacidad de proponer tal atención. De manera comunitaria e individual, Dios nos invita a oír, una y otra vez. Desde el antiguo Medio Oriente de Esdras y Nehemías, pasando por la Europa de Martín Lutero, hasta nuestros días en una comunidad global, el pueblo de Dios se renueva cuando se le llama a volver a la Palabra que ha sido descuidada. Ponemos en marcha con expectación un llamado así. La Biblia es un libro de fe.

El libro de invitación de Dios

> ¡Vengan a las aguas todos los que tengan sed!.
> ¡Vengan a comprar y a comer los que no tengan dinero!
> Vengan, compren vino y leche sin pago alguno.
> —Isaías 55:1

> Felipe buscó a Natanael y le dijo: "Hemos encontrado a Jesús de Nazaret, el hijo de José, aquel de quien escribió Moisés en la ley, y de quien escribieron los profetas. "¡De Nazaret!", replicó Natanael. "¿Acaso de allí puede salir algo bueno?" "Ven a ver", le contestó Felipe.
> —Juan 1:45-46

Este capítulo se inició con las palabras del profeta Isaías en las que proclamaba el poder dador de vida de la Palabra de Dios. De manera apropiada llega a una conclusión con la invitación de Isaías, desde el inicio de ese mismo discurso profético, invitando a las multitudes que no prestan atención: "¡Vengan!" Tal invitación fue hecha por uno de los primeros seguidores de Jesús al invitar a su hermano, lleno de dudas: "¡Ven a ver!" La Biblia es un libro de invitación, acogiendo a las personas para que oigan la voz de Dios. Los luteranos transmitirán con toda intención la invitación de la Biblia y ellos mismos responderán.

> La iglesia de hoy haría bien en seguir el ejemplo de Lutero y las Confesiones, cuyos esfuerzos se centraban menos en defender el estatus de la Biblia que en utilizar las Escrituras, por medio de la traducción y de la interpretación y predicación evangélicas, por el bien de la iglesia y el mundo.[12]

La naturaleza y funcionamiento de la autoridad bíblica sí interesan a los luteranos.[13] Los debates sobre las Escrituras pueden servir el propósito principal de la Biblia, el de nutrir la fe. Pero tales debates también pueden distraernos y debilitar la confianza. Nuestra preocupación fundamental es que se oiga la Palabra.

Los luteranos tomamos la iniciativa para oír la Biblia —por nosotros mismos y los demás. Pretendemos ser una iglesia de la Biblia, para que las Escrituras estén disponibles y accesibles para nuestros propios miembros de todas las edades, y para compartir la Palabra como iglesia de misión con una voz pública. Este volumen de *Cómo Abrir el Libro de la Fe* tiene sus raíces en la Iniciativa del Libro de la Fe de la Iglesia Evangélica Luterana en América. La visión de esta iniciativa es: "Que la totalidad de la iglesia adquiera mayor fluidez en el primer idioma de la fe, el idioma de las Escrituras, con el fin de que podamos vivir nuestro llamado como un pueblo renovado, animado y fortalecido por la Palabra".[14]

Cómo Abrir el Libro de la Fe se ofrece como una invitación a experimentar la Biblia como un libro de fe. Dios nos invita, individualmente y en conjunto, a escuchar con expectación las palabras de la Biblia, escuchando en compañía de otros que nos ayudan a oír. Por el poder del Espíritu, oiremos la Palabra de Dios.

Abran las Escrituras. Únanse a la conversación.

2. ¿Cómo pueden abrirnos la Biblia las perspectivas luteranas?*

Mark Allan Powell

Este capítulo se centrará en cómo el pueblo luterano se acerca a la Biblia. Permítanme empezar diciendo una palabra a mis lectoras y lectores luteranos y, además, una palabra diferente a cualquier persona no luterana que pueda estar leyendo este volumen (¡espero que hayan muchos de ustedes!).

En primer lugar, aunque soy un pastor luterano y un profesor luterano de la Biblia, es imposible que hable por todos los luteranos. Ni siquiera puedo hablar por todos los luteranos de la IELA. En el mejor de los casos, sólo puedo intentar describir lo que es *típico* y *tradicional* para los luteranos. Si su interpretación de la Biblia es diferente de la que ofrezco aquí, eso no significa que ustedes sean unos malos cristianos —ni siquiera unos malos luteranos. Una cosa que creen los luteranos es que *no todo el mundo necesita ser típico o tradicional*. Somos más que eso.

A continuación, para aquellas personas no luteranas, permítanme señalar que gran parte de lo que tengo que decir en este capítulo podría también ser verdad con respecto a su iglesia. Los luteranos no son *especiales* en su manera de entender la Biblia. No tenemos alguna forma extraña de utilizar las Escrituras que nos diferencie de todos los demás. La mayor parte de lo que hacemos es bastante similar a lo que hacen otros cristianos, aunque en ocasiones le damos un matiz un poco diferente a las cosas. Tenemos nuestras prioridades y nuestras preferencias, y éstas, en ocasiones, nos llevan a entender de manera diferente las Escrituras.

Además, tengo que decir que, en realidad, a mí *me gusta* lo que hacen los luteranos con la Biblia. Intento ser respetuoso con todas las iglesias y, como académico, intento mantener un cierto grado de objetividad académica

* Porciones de este capítulo fueron adaptadas en parte de los escritos de Mark Allan Powell, "How Lutherans Interpret the Bible" [*Cómo Interpretan la Biblia los Luteranos*], © 2006 SELECT Multimedia Resources. www.elca.org/select

cuando hablo de estos temas —pero me temo que no lo hago muy bien. No quiero decir que los luteranos son mejores que todos los demás en su acercamiento a la Biblia, porque eso sería descortés y arrogante. Sin embargo, aunque no lo *diga*, podría pensarlo, porque soy luterano y en verdad me gusta lo que hacemos. Me gusta ese "matiz" que le damos a las cosas.

La Palabra de Dios

Quizás lo primero y último que quiero decir sobre los luteranos y la Biblia sea esto: Los luteranos creen que la Biblia es la Palabra de Dios. Claro que casi todos los cristianos lo dirían —y podrían querer decir todo tipo de cosas diferentes con ello. Así que tenemos que preguntar: ¿Qué significa decir que la Biblia es la Palabra de Dios? Dicho de manera sencilla, significa que la Biblia nos cuenta lo que Dios quiere decir. Las cosas se van a poner más complicadas, pero empecemos por esa afirmación obvia: Nosotros, los luteranos, creemos que la Biblia nos cuenta lo que Dios nos quiere decir.

En el último capítulo, leímos que nuestra constitución de la IELA dice que aceptamos la Biblia como "la Palabra inspirada de Dios y la fuente de autoridad y norma de su proclamación, fe y vida". Por lo tanto, cuando las personas me preguntan qué creen los luteranos con respecto a la Biblia, intento utilizar estas palabras. Digo que "creemos que la Biblia es la Palabra de Dios"; creemos que es la Palabra *inspirada* de Dios; creemos que es la Palabra *de autoridad* de Dios".

Pero a veces eso no es suficiente, y las personas quieren preguntarme otras cosas. Me hacen preguntas que no siempre sé cómo contestar.

Alguien dice: "¿Cree en la Biblia?" Yo respondo: Sí, creo. "¿Literalmente?", preguntan. "¿Usted la cree *literalmente*?"

No estoy seguro de cómo responder a eso. Creo las partes literales de manera literal. Y creo las partes metafóricas de manera metafórica. Cuando la Biblia dice: "El Señor es mi pastor" (Salmos 23:1), yo lo creo, pero no me parece creerlo *de manera literal*. Si el Señor fuera literalmente mi pastor, ¿entonces no tendría que ser una oveja literal? Y no lo soy.

La Biblia dice que Dios es una roca (Salmos 18:31). Lo creo. Pero no lo creo de manera literal.

Y entonces alguien preguntará: "¿Qué pasa con los errores? ¿Qué pasa con las contradicciones? ¿Cree que la Biblia es *infalible*?"

Una vez más, no estoy seguro de cómo responder, porque no siempre estoy seguro de lo que *ellos* quieren decir por errores. ¿Errores científicos? Jesús dijo que el grano de mostaza es la más pequeña de las semillas (Marcos 4:31). Los científicos me dicen que las semillas de orquídea son más pequeñas. ¿Es eso un error horticultural? Quizás Jesús estaba, sencillamente, hablando con personas que nunca habrían visto una orquídea, de manera que la planta de la mostaza tenía las semillas más pequeñas en lo que a ellos concernía. ¿Qué tan lejos queremos llevar esta cuestión de los "errores"?

¿Y qué pasa con la gramática? Hay un lugar en el Sermón de la Montaña donde Jesús advierte a sus discípulos de tener cuidado con los lobos con piel de cordero. Él dice: "Por sus frutos los conocerán". (Mateo 7:16). ¿Cómo, exactamente, reconoce a un lobo por sus frutos? Los lobos no tienen frutos. Mi maestra de gramática en secundaria lo habría llamado una "metáfora mixta". Si Jesús lo hubiera escrito en su clase, lo habría marcado en rojo —lo hubiera llamado un error gramatical y lo habría obligado a hacer otra vez la tarea.

Sin embargo, estas cosas no me preocupan —y no preocupan a la mayoría de los luteranos. Hay iglesias para las que estas cosas son muy importantes, y hay personas que escriben libros voluminosos explicando por qué las cosas que parecen errores en la Biblia no son errores en realidad, y por qué las cosas que parecen contradicciones no son contradicciones en realidad. La cuestión es *defender* a la Biblia como exacta y confiable y verdadera. No muchos de esos libros han sido escritos por luteranos porque eso no suele ser lo que nos interesa. La diferencia estriba en lo que queremos decir cuando afirmamos que "la Biblia es la Palabra de Dios". No queremos decir que "la Biblia es un libro que no contiene errores ni contradicciones". Queremos decir que "la Biblia es el libro que nos dice lo que Dios nos quiere decir". Eso le da un matiz diferente a las cosas.

En su mayor parte, los luteranos están más interesados en *entender* la Biblia que en *defenderla* . No creemos que tengamos que *demostrar* que la Biblia es la Palabra de Dios —sólo creemos que es la Palabra de Dios, y luego nos enfocamos en preguntar: "¿Qué *tiene* Dios que decirnos?"

Cómo Abrir el Libro de la Fe

Como ya mencioné antes, no puedo hablar por todos los luteranos, pero les diré lo que pienso. Creo que la Biblia dice exactamente lo que Dios quiere que diga. Cada libro de la Biblia, cada capítulo de la Biblia, cada versículo de la Biblia dice *exactamente* lo que Dios quiere que diga. Así que, si en la Biblia hay contradicciones o errores o como quiera llamarle, es porque Dios quiere que estén ahí o les permite estar ahí. De una u otra manera, cuando leemos la Biblia, nos dice lo que Dios quiere decirnos. Y eso es lo que me importa: oír la Palabra de Dios.

Pero vamos a seguir. Los luteranos tienen más cosas que decir sobre la Palabra de Dios —y son cosas muy buenas. Como indicaba Stan Olson en nuestro último capítulo, los luteranos por lo general hablan de "la Palabra de Dios" en un *sentido triple*. La Palabra de Dios es, en primer lugar, Jesucristo (la Palabra encarnada); en segundo lugar, el mensaje de ley y evangelio (la Palabra proclamada); y, en tercer lugar, la Biblia (la Palabra escrita). Esto, una vez más, está en la constitución de la IELA (vean las páginas 5-6).

No es sólo el pueblo luterano el que habla de "la Palabra de Dios" de esta manera. La propia Biblia lo hace.

En primer lugar, la Biblia habla de *Jesucristo* como la Palabra de Dios. En el Evangelio de Juan, leemos: "En el principio ya existía el Verbo, y el Verbo estaba con Dios, y el Verbo era Dios" (Juan 1:1). Y luego, un poco más adelante, el Evangelio de Juan dice: "Y el Verbo se hizo hombre y habitó entre nosotros". (Juan 1:14). Obviamente, la Biblia no se hizo hombre y vivió entre nosotros. Lo hizo Jesucristo. De manera que Jesucristo es la Palabra de Dios.

En segundo lugar, la Biblia habla de *la predicación* como la Palabra de Dios. En el libro de Hechos, solemos oír de Pedro o Pablo o algún otro misionero que predica "la Palabra de Dios" (vean, por ejemplo, Hechos 13:5; 18:11). ¿Qué hacían? No se limitaban a leer la Biblia a las personas: proclamaban un mensaje que convencía a las personas de su pecado y les ofrecía una esperanza de salvación. Los luteranos le llaman a esto "el mensaje de ley y evangelio", y hablaremos más de esto en este mismo capítulo. Por lo tanto, el mensaje de ley y evangelio también se puede identificar como "la Palabra de Dios".

Y, en tercer lugar, la Biblia identifica las Escrituras como la Palabra de Dios. Por ejemplo, cuando Jesús cree que algunas personas no cumplen con uno de los Diez Mandamientos, les dice que "anulan la Palabra de Dios". (Marcos 7:13). Jesús no sólo considera las Escrituras como testimonio antiguo, como colección de viejas tradiciones que deben ser valoradas por su importancia histórica. Creía que lo escrito en las Escrituras seguía expresando lo que Dios tenía que decir a las personas siglos después de haber sido escrito. Por lo tanto, lo escrito en las Escrituras se puede identificar como la Palabra de Dios.

No muchas personas van a discutir esta idea de la triple Palabra de Dios, pero algunos podrían preguntarse por qué es importante. ¿No estamos utilizando la misma frase para tres cosas diferentes? No, responderíamos que *no* son tres cosas diferentes sino tres representaciones diferentes de la misma cosa. Cuando los misioneros cristianos predicaban el mensaje de ley y evangelio, revelaban la misma verdad que Jesucristo reveló cuando se hizo hombre y vivió entre nosotros. De igual manera, cuando decimos que la Biblia es la "Palabra de Dios", queremos decir que también revela esta misma verdad. La Biblia funciona como la Palabra de Dios cuando nos muestra a Jesucristo y nos transmite el mensaje de ley y evangelio.

Sola Scriptura

Los luteranos dicen que las Escrituras son la "única regla y norma" de acuerdo a la cual se deben establecer y evaluar las doctrinas. Esto no significa que los luteranos no respetan la validez de la razón sólida o la legitimidad de la experiencia humana. Más bien, las Escrituras tienen la autoridad única como el único registro de la verdad *revelada*, y por lo tanto proporcionan una perspectiva desde la que se pueden entender mejor la razón y la experiencia humanas.

La frase *Sola Scriptura* se convirtió en una especie de grito de guerra para los luteranos en el siglo dieciséis. Literalmente significa "sólo las Escrituras" o "las Escrituras solas". Pero, ¿qué quiere decir *eso*? Obviamente, los luteranos no creen *solo* las cosas que están en la Biblia. Hay muy pocas matemáticas en la Biblia, pero no tenemos nada contra las matemáticas. ¿Qué queremos decir exactamente al afirmar "las Escrituras solas"?

Creo que es útil usar la analogía de un taburete de tres patas. Los filósofos cristianos han dicho con frecuencia que un taburete necesita tres patas para no caerse. En realidad, podría tener cuatro patas o cinco patas y seguiría sin caerse, pero el punto es que un taburete con sólo una pata o sólo dos patas se caería.

La filosofía secular o pagana suele afirmar que hay dos fuentes primarias para saber la verdad: *razón* y *experiencia*. Creemos que algunas cosas son verdaderas porque son lógicas y racionales. Creemos que otras cosas son verdad porque la experiencia y la observación las revelan como verdad. Pero los filósofos *cristianos* a veces aseguran que éste es un taburete de sólo dos patas. Si toman todo lo que es posible conocer por medio de la razón y la experiencia, todavía no se tiene una comprensión sólida o confiable de la verdad. Hay una tercera pata: *la revelación divina*. Sabemos que ciertas cosas son verdad porque Dios nos las ha revelado.

Consideremos dos ejemplos de cosas que la mayoría de los luteranos probablemente crean que son verdad. En primer lugar, la mayoría de nosotros probablemente crea que los renacuajos, si viven lo suficiente, se convertirán en ranas. La Biblia no nos lo enseña, así que, ¿por qué lo creemos? Bueno, todo el mundo ha observado miles de renacuajos a lo largo de los años y, hasta ahora, ninguno se ha convertido en tortuga. Todos se han convertido en ranas y, por lo tanto, es lógico asumir que los que todavía no hemos observado también se convertirán en ranas. Así que esto lo creemos en base a la razón y la experiencia.

Pero la mayoría de nosotros también cree que cuando comemos el pan y bebemos el vino de la Santa Comunión, recibimos el cuerpo y la sangre de Cristo. Esto no es especialmente lógico, y no es algo que se pueda demostrar por medio de la observación científica o el análisis. Nuestra experiencia no siempre señala esta verdad: el vino no *sabe* a sangre y, después de recibir la Santa Comunión no necesariamente *sentimos* que tenemos más de Jesús en nosotros que antes. ¿Por qué creemos tal cosa? Por virtud de la revelación divina: Dios nos ha dicho que recibimos a Cristo por medio de estos alimentos y creemos que es verdad.

Bueno, entonces, ¿qué quieren decir los luteranos con *Sola Scriptura*? Quieren decir que sólo las Escrituras tienen autoridad para constituir esa tercera pata, para servir como fuente de revelación divina. Ni los concilios, ni los Papas, ni la asamblea nacional, ni los obispos u obispas o profesores de seminario tienen la autoridad de la revelación divina: Sólo la Biblia la tiene.

Por lo tanto, no estamos rechazando la experiencia o la razón. No estamos diciendo: "El taburete debe tener sólo una pata". Hay cristianos en el mundo que dirían que la experiencia y la razón no importan, siempre que tengan la Biblia de su lado. Ése suele ser el punto de vista del fundamentalismo.

Pero los luteranos no son fundamentalistas —al menos no de la manera típica o tradicional. No rechazamos la experiencia o la razón, sino que las vemos como cauces apropiados, dados por Dios, para conocer la verdad. Sin embargo, *cierta* verdad sólo puede ser conocida por la revelación, y la Biblia es la única fuente de esa verdad.

Pero ahora, alguien preguntará: "¿Qué sucede cuando la Biblia contradice a la razón o a la experiencia? ¿Qué sucede cuando no están de acuerdo?" Ésa es una pregunta difícil, y no todos los luteranos la responderían de la misma manera. Hasta cierto punto, depende del tema —¿de qué, exactamente, estamos hablando? La Biblia afirma cosas de Jesucristo que desafían a la sabiduría humana. El Apóstol Pablo dice que la misma idea de que Dios salve a las personas por medio de la cruz es una "locura" para este mundo (vean 1 Corintios 1: 18-25). De igual manera, la idea de que las personas deben morir a la búsqueda del interés propio y hacerse siervos de su prójimo contradice gran parte del sentido común con respecto a lo que significa tener éxito en la vida (vean Marcos 8:34-35; 10:43-45; Filipenses 2:4-7).

En muchas cuestiones, sin embargo, si creo que lo que la Biblia enseña contradice a la razón sólida o a la experiencia humana, tengo que preguntarme si he omitido algo. Básicamente, siento que el taburete se tambalea un poco o que le falta equilibrio. Dios no espera de nosotros que apaguemos nuestros cerebros y creamos cosas que no tienen sentido o que no concuerdan con la realidad. Si creer en la Biblia me obliga a hacer eso, yo, por lo menos, quiero regresar a ver si he omitido algo. Al menos es posible que no entendiera adecuadamente a la Biblia.

Así pues, los luteranos no consideran la Biblia como la única fuente para saber lo que es verdad en este mundo, aunque sí aseguran que la Biblia es la única fuente de autoridad para conocer la verdad divina que Dios nos revela.

Cómo entender la Biblia

Los luteranos *leen* la Biblia . . . *creen* en la Biblia . . . *aman* la Biblia. Pero también intentan *entender* la Biblia. Entender podría no ser tan divertido como leer, creer y amar. De hecho, puede ser mucho trabajo. Sin embargo, *es* muy importante (vean Mateo 13:23), y los luteranos se han ganado la reputación de ser cristianos que enfatizan el *entender*.

Vamos a examinar algunos principios creados por los luteranos para guiarlos en la comprensión de la Biblia. Pero antes, consideremos una cuestión básica: "¿Dónde conseguimos la Biblia?" ¿De dónde viene la Biblia?

Podemos responder la pregunta "¿de dónde viene la Biblia?" de tres maneras: dos respuestas sencillas y una respuesta complicada.

La primera respuesta sencilla es: "La Biblia viene de Dios". No estamos siendo simplistas al decir eso. Claro que la Biblia no cayó del cielo, toda encuadernada en cuero y con las palabras de Jesús impresas en rojo. Pero *es* la Palabra de Dios, y sí transmite lo que Dios quiere decirnos de una manera que no podría jamás hacerlo ningún otro libro o colección de libros. Los luteranos no tienen problemas al decir: "Este libro viene de Dios".

Y la segunda respuesta sencilla es: "La Biblia viene de la iglesia". La iglesia (lo que implica la iglesia histórica cristiana) compiló la Biblia, la conservó, la tradujo y se aseguró que personas como usted o como yo pudiéramos, hoy, tener copias de la Biblia. La Biblia es el regalo que la iglesia nos ha hecho a nosotros y al mundo. Es algo irónico porque he notado que no a todo el mundo que le gusta la Biblia le gusta la iglesia. De hecho, las personas en ocasiones contraponen a las dos. Escucho decir a la gente: "No me importa lo que piensa la iglesia —sólo me importa lo que dice la Biblia". Pero la Biblia viene de la iglesia. Sabemos que la iglesia cristiana ha tenido una historia extraña y no siempre noble. Ha hecho mal muchas cosas a lo largo del tiempo. Pero esto es algo que la iglesia hizo bien. La iglesia nos dio la Biblia.

Así que, esas son dos respuestas sencillas: la Biblia nos llega de Dios, por medio de la iglesia. La respuesta más complicada es que los libros individuales de la Biblia —los 66— fueron escritos por seres humanos, personas de carne y hueso como nosotros. Si quieren la respuesta completa sobre de dónde vienen todos esos libros, tendrían que tomar clases en alguna parte —o leer 66 capítulos diferentes en algún libro de texto para el estudio bíblico— porque la respuesta sería diferente para casi cada uno de los libros.

¿Entonces qué? Esto es importante para los luteranos porque creemos que la Biblia debe estudiarse e interpretarse si queremos entenderla y recibir la verdad de Dios. Hay una famosa calcomanía para el auto que dice: "Dios lo dijo, yo lo creo y eso es todo". Los luteranos preferirían que fuera un poco más larga: Querríamos decir algo sobre *entender* lo que Dios ha dicho. No sirve de nada creer lo que se piensa que enseña la Biblia si se ha malinterpretado lo que enseña la Biblia. ¿Qué querríamos que dijera la calcomanía para el auto? "Dios nos habla por medio de la Biblia, nosotros interpretamos la Biblia para entender lo que Dios quiere decir y luego lo creemos —y *eso* es todo". Pero claro, eso es demasiado largo. Los luteranos nunca han sido muy buenos con las calcomanías para el auto.

Pero *somos* bastante buenos con las interpretaciones bíblicas. Claro que muchas cosas en la Biblia están perfectamente claras. "Sean bondadosos y compasivos unos con otros" (Efesios 4:32). "No cometas adulterio" (Éxodo 20:14). Esos versículos son bastante directos y, en estos casos, la enseñanza de la Biblia no es tan difícil de entender. Podría ser difícil para algunas personas el *seguirla,* pero no es difícil de entender.

Otras cosas en la Biblia son muy difíciles. Puede meter en una sala a veinte personas con doctorados y recibir veinte opiniones diferentes sobre lo que significa un texto en particular.

De manera que los luteranos creemos que se puede malinterpretar la Biblia. No sólo creemos que *puede* ser malinterpretada. Creemos que lo *ha* sido. La Biblia fue utilizada para apoyar la esclavitud en este país. Ha sido utilizada para oprimir a las mujeres. Ha sido utilizada para azuzar el odio contra judíos y musulmanes. Las personas que quemaron brujas en Salem y las personas que quemaron cruces en Salem tenían una cosa en común: estaban totalmente seguras que Dios estaba de su lado, y podían citar pasajes de la Biblia para demostrarlo.

Claro que resulta fácil sacudir la cabeza al pensar en esas personas tontas y descarriadas. ¿Y *nosotros*? Bueno, ¡los luteranos no siempre dimos tampoco en el clavo! Sin embargo, hemos aprendido una cosa con el paso del tiempo: siempre que estén absolutamente seguros que Dios está de su parte, sería bueno pedir una segunda opinión. Necesitamos escucharnos los unos a los otros y tenemos que escuchar, especialmente, a quienes no están de acuerdo con nosotros.

Si *creemos* que la Biblia significa algo, y hay otras personas —personas cristianas que aman y adoran a Jesús— que creen que la Biblia significa algo más, quizás debamos hablar los unos con los otros. Los luteranos son *en verdad* buenos para "escuchar" y para "hablar los unos con los otros". Lo llamamos "diálogo" y es una de nuestras palabras favoritas. Si quieren burlarse de los luteranos, probablemente sea la tecla a tocar. Estamos siempre dialogando y tomando café.

Cinco principios luteranos clave

Pero lo que quiero hacer ahora es examinar cinco principios clave que siguen los luteranos cuando estudian o interpretan la Biblia. Los principios son más fáciles de describir que de practicar, pero con el tiempo hemos descubierto que cuando sí conseguimos seguir estos principios, por lo general las cosas nos salen bien.

1. LEY Y EVANGELIO

Los luteranos dicen que la Palabra de Dios se refiere tanto a la ley como al evangelio, y que ambas deben mantenerse unidas para que se cumpla la Palabra de Dios. Una forma de describir estos importantes términos es:

- la *ley* es la que nos acusa y nos juzga;
- el *evangelio* es lo que nos consuela y nos salva.

Este mensaje de ley y evangelio se encuentra en el meollo de las Escrituras: la interpretación fiel discierne este mensaje; la proclamación fiel declara este mensaje.

Los luteranos hablan mucho de *ley* y *evangelio*, y hay muchos libros que intentan definir lo que significan estos términos y qué incluyen. Pero en un sentido básico, lo que estamos diciendo, sencillamente, es que la Biblia nos habla la Palabra de Dios, y que ésta es siempre una palabra de juicio y salvación. Es una palabra que nos condena y nos redime. Somos pobres pecadores humanos, así que la Palabra de Dios siempre nos condena, pero nuestro Dios es un Dios de amor y misericordia, así que la Palabra de Dios siempre nos redime. Otra forma de expresar esto es que la Palabra de Dios revela nuestra desolación (ésa es la ley) y también perdona y sana nuestra desolación (ése es el evangelio).

Los luteranos hablan mucho de "ley y evangelio", pero la expresión se suele entender mal, tanto por parte de las personas no luteranas como de los propios luteranos. Un malentendido común en ocasiones equipara a "la ley" con el Antiguo Testamento y al "evangelio" con el Nuevo Testamento. Eso no está bien. Hay mucho material en el Nuevo Testamento que acusa y juzga a las personas (la ley), y hay mucho material en el Antiguo Testamento que consuela, salva y sana (el evangelio). La totalidad de la Biblia es tanto ley como evangelio.

Un malentendido similar intenta categorizar los pasajes de la Biblia *o como* ley *o como* evangelio. Algunas personas desarrollan listas: textos de la ley y textos del evangelio. La ley se suele asociar con los mandamientos, y el evangelio con las promesas. ¿Por qué está eso equivocado? Porque el *mismo* texto puede funcionar *como* ley o como evangelio: la *función* que tiene en cualquier situación dada, puede depender de quién está leyendo y de lo que necesiten oír.

La Biblia dice: "Así que los últimos serán primeros, y los primeros, últimos" (Mateo 20:16). Esto puede oírse como una palabra de consuelo para los que son "últimos" en esta vida (los pobres, los marginados, los oprimidos o perseguidos). Pero también puede oírse como una acusadora palabra de juicio para quienes son "primeros" en este mundo, especialmente si son personas comprometidas con hacer lo que sea necesario para seguir siendo las primeras.

Asimismo, consideremos una famosa historia de la Biblia. Moisés saca a los hijos de Israel de la esclavitud en Egipto: hay un éxodo dramático, una huida por el Mar Rojo, y ahora son libres en el desierto del Sinaí. Moisés sube a la montaña y baja con algunas declaraciones de Dios. Ésta es una de ellas: "Yo soy el Señor tu Dios . . . No tengas otros dioses además de mí" (Éxodo 20:2-3). ¿Es esto ley o evangelio? No hay duda que es un mandamiento, y sí tiene una palabra acusadora de juicio contra aquellos que creen que la "libertad" significa que pueden hacer lo que quieran (por ejemplo, adorar becerros de oro). Sin embargo, probablemente había muchas personas ese día entre la multitud que oyeron este mandamiento como puro evangelio: Habían oído hablar de numerosos dioses, muchos de los cuales hacían exigencias terribles (y contradictorias) a sus seguidores. ¿Cómo se podía mantener felices a todos esos dioses diferentes? Pero ahora, dijo Moisés, los hijos de Israel sólo tendrían un Dios: el todopoderoso Señor que los había amado lo suficiente como para ir a buscarlos a Egipto y sacarlos de la esclavitud. ¡Ésa era una buena nueva! De manera que el mismo mensaje ("no tengas otros dioses") podía ser una palabra acusadora de ley para algunas personas y una consoladora palabra de evangelio para otras.

Por último, otra idea equivocada sobre "ley y evangelio" es que la ley es mala y el evangelio es bueno. No creemos eso. El evangelio suele ser más *agradable* que la ley, pero ambos son buenos, importantes y necesarios. En ocasiones, necesitamos oír un mensaje que nos haga sentir culpables y avergonzados, que nos lleve a la desesperación, que nos haga suspirar por la gracia de Dios y apreciar la gracia de Dios. Un salmista dice: "La ley del Señor es perfecta: infunde nuevo aliento" (Salmos 19:7). La ley no siempre *parece* agradable cuando nos corrige y castiga, pero es más deseable que el oro (Salmos 19:10). ¡Y si podemos decir esto de la ley, imaginen lo que podría decirse del evangelio! En realidad, no tenemos que imaginarlo. Sólo tenemos que mirar y ver: el evangelio es glorioso (1 Timoteo 1:11); es poderoso (Romanos 1:16), y es eterno (Apocalipsis 14:6). Es más precioso que la vida y más valioso que el mundo entero (Marcos 8:35-36); lleva la salvación a todos los que creen (Romanos 1:16).

Los luteranos buscan ambos mensajes en la Biblia: ley y evangelio. Forma parte de lo que nos hace amar a la Biblia. No sólo creemos en la Biblia; la guardamos como un tesoro —promesas y mandamientos por igual.

Y esto también dice algo de cómo entiende la Biblia el pueblo luterano. Tenemos una cierta inclinación con respecto a lo que es más importante en las Escrituras. Eso no quiere decir que cualquier cosa *carece* de importancia. Pero por tradición y por lo general, tenemos nuestras prioridades.

Cuando un pastor o pastora luterano observa un texto para la mañana del domingo, ya sea del Antiguo Testamento o de una de las Epístolas, o de uno de los Evangelios u otros libros bíblicos, puede haber todo tipo de cosas que nos tiene que decir este texto. Podríamos aprender alguna cosa interesante sobre prácticas agrícolas en el antiguo Israel. También puede ser que el pasaje nos cuente una historia sobre alguna persona interesante o importante que vivió hace mucho tiempo.

No hay nada malo con aprender estas cosas, pero los pastores y las pastoras luteranos están entrenados para examinar los textos y hacer dos preguntas: ¿Ley? ¿Evangelio? ¿Qué dice este texto que nos trae la palabra de juicio de Dios? ¿Y qué dice que nos trae la palabra de salvación de Dios? Y todos los luteranos pueden experimentar la Palabra de Dios de manera más profunda si escuchan con atención cómo les habla esa Palabra por medio de esta verdad doble de la ley y el evangelio.

2. ¿QUÉ MUESTRA A CRISTO?

Cuando los luteranos decimos que la Biblia es la Palabra de Dios, queremos decir, sobre todo, que la Biblia es el libro que nos revela a Jesucristo. Y con eso aludimos a toda la Biblia —no sólo a los Evangelios o al Nuevo Testamento.

El Jesús que conocemos y amamos es el Mesías de Israel, así que las Escrituras de Israel —el Antiguo Testamento— también nos lo revelan. En ocasiones, admito, esto sucede de una manera algo indirecta. Pero al final, todo en la Biblia nos lleva a Jesús. Todo en la Biblia nos pone en camino hacia Cristo y nos ayuda a conocer a Cristo y a amarlo y a tener una relación con él, quien se levantó de entre los muertos.

Martín Lutero solía decir que la Biblia es como el pesebre en el que se encontraba el niño Dios. En muchas escenas de Navidad, vemos a las personas arrodillarse ante el pesebre para adorar, pero no están adorando el pesebre. Están adorando al niño Dios que está en el pesebre. De igual manera, nosotros no adoramos la Biblia. Adoramos al Cristo que se encuentra en la Biblia.

Me gusta decirlo de la siguiente manera: *Los luteranos son el pueblo de Jesús, y entienden que la Biblia es un libro de Jesús.* Es mi propia forma de explicarlo —una forma contemporánea de expresar lo que creo que es típico y tradicional del luteranismo.

Abordemos antes la primera parte de la oración. Los luteranos son el pueblo de Jesús. Todos los cristianos creen en Jesús y adoran a Jesús, así que quizás no seamos diferentes a otros, pero para nosotros, *todo* gira alrededor de Jesús. Los teólogos de otras denominaciones en ocasiones dicen que los luteranos son "Cristianos del Segundo Artículo", con lo que quieren decir que enfatizamos el "Segundo Artículo" del Credo de los Apóstoles o Credo Niceno. Ésa es una forma sofisticada y académica de decir que somos "el pueblo de Jesús".

Ser cristiano *significa* estar en una relación con Jesucristo, que se levantó de entre los muertos. Tenemos credos y confesiones, pero no creemos que el cristianismo sea sólo un montón de doctrinas que se supone que las personas tienen que aprender y creer. Tenemos rituales (sacramentos) como el Santo Bautismo y la Santa Comunión, pero no creemos que el cristianismo sea sólo participar en rituales. Nuestra teología, nuestras doctrinas, nuestros sacramentos, nuestra liturgia —todas esas cosas son importantes porque nos ayudan a tener una relación con Jesucristo.

Me gusta decir que todo es un *medio para un fin*, excepto Jesús. Conocer a Jesús y que éste te conozca, amar a Jesús y ser amado por él —eso es lo que cuenta al final.

La próxima vez que estén en un servicio luterano de adoración, adviertan lo que sucede cuando leemos la lección del Evangelio el domingo por la mañana. Inmediatamente después de que se lea la lección, todo el mundo responde: "¡Alabanza a ti, oh Cristo!" No dicen: "¡Alabanza a ti, oh Biblia!" Hay una razón para eso.

Les digo a mis estudiantes en el Seminario Luterano de la Trinidad: Espero que amen la Biblia, pero recuerden esto —la Biblia nunca les devolverá ese amor. Jesús lo hará. Es Jesús quien los ama, no la Biblia. No se puede tener una relación con la Biblia. Se puede tener una relación con Jesús.

Pero, ¿por qué es éste un principio para entender la Biblia? Porque, para los luteranos, la Biblia es sólo un medio para alcanzar un fin, y eso sí afecta a la manera en que nos acercamos e interpretamos las Escrituras. Por ejemplo, este principio podría ofrecer una razón de por qué los luteranos no suelen molestarse con cosas como la teoría de la evolución (una razón —hay otras). Incluso independientemente de la cuestión de lo que la Biblia enseña o no sobre este tema, los luteranos, sencillamente, no leen sus Biblias para aprender *ciencia*. Leen la Biblia para aprender de *Jesucristo* —y de cosas que se relacionan con él.

Queremos saber del Dios de Israel, que es el Padre de nuestro Señor Jesucristo. Queremos saber del Espíritu Santo, que nos ha sido dado por Jesús. Queremos saber de la oración, por medio de la cual mantenemos nuestra relación con Jesús. Queremos saber de moralidad, de manera que podamos vivir de la manera que Jesús quiere que vivamos.

Queremos saber de todas estas cosas, y *esperamos* que la Biblia nos diga lo que necesitamos saber de cosas como éstas. Esperamos que la Biblia nos *revele a Cristo*. En realidad no esperamos que la Biblia nos enseñe sobre geografía, ciencias o matemáticas. No es que digamos que la Biblia está mal en cualquiera de esas materias; sólo que no acudimos a las Escrituras para aprender de tales cosas. La Biblia es un libro de Jesús, no un libro de ciencias.

Y los luteranos son el pueblo de Jesús. No menospreciamos la Biblia al decir que siempre está en segundo lugar con relación a Jesucristo. Más bien, valoramos la Biblia precisamente porque nos lleva a Cristo y nos mantiene afianzados en Cristo.

3. LAS ESCRITURAS INTERPRETAN A LAS ESCRITURAS

Los luteranos creen que los pasajes difíciles en las Escrituras también se deben interpretar a la luz de aquellos pasajes que sean más fácilmente comprensibles, y que la totalidad de las Escrituras debe interpretarse a la luz de los temas y motivos centrales de la Biblia. Solemos intentar reconciliar lo que se dice en una parte de las Escrituras con lo que se dice en otras partes de las Escrituras, en ocasiones reconociendo que hay una tensión entre textos que parecen decir cosas diferentes. Intentamos ser fieles a la totalidad de la Biblia en lugar de sólo elegir algunas partes y desechar otras.

Esto puede representar mucho trabajo. Es una de las razones por las que los pastores y pastoras luteranos necesitan ir al seminario: necesitan saber lo suficiente de "la Biblia como un todo" para poder interpretar pasajes individuales de una manera que sea fiel a lo que se enseña en el resto de las Escrituras. Ésta es también la razón por la que a los luteranos no les gusta utilizar "textos de demostración" —versículos individuales de la Biblia que se pueden citar para comunicar una idea o resolver una discusión. En ocasiones, los "textos de demostración" sí funcionan —un versículo dice todo lo que hay que decir sobre un tema— pero muchas veces (de hecho, *la mayoría de las veces*), hay más de lo que puede decir un pasaje sacado de contexto. Los luteranos son, en cierta forma, famosos por decir: "Sí, pero la Biblia *también* dice...."

Este principio de interpretar las Escrituras a la luz de las Escrituras evita que utilicemos versículos individuales para justificar cosas que podrían no pasar la prueba con las Escrituras como un todo. Un lector de la Biblia podría concluir, en base a Proverbios 13:24 que las personas que aman a sus hijos deben golpearlos con varas, pero eso difícilmente podría corroborarse en otras partes (vean, por ejemplo, Mateo 18:1-6; 19:13-15; Colosenses 3:21). Asimismo, insistimos, podrían citarse pasajes individuales de las Escrituras (¡y *fueron* citados!) para justificar la institución de la esclavitud (Colosenses 3:22-24). Esa institución era una realidad en el mundo de la Biblia, y muchos autores bíblicos, sencillamente, la daban por sentada. Sin embargo, el testimonio abrumador de las Escrituras valora la liberación humana y la libertad (vean Juan 8:32; Gálatas 3:28, y la historia del éxodo en el Antiguo Testamento). Sin lugar a dudas, las Escrituras presentan "un mundo sin esclavitud" como ideal que deben favorecer a los fieles.

El objetivo es encontrar el meollo de las Escrituras para que no acabemos siendo eruditos en cuestiones secundarias. Algunas personas religiosas en la época de Jesús se metieron en problemas porque se concentraron en cuestiones pequeñas e ignoraron las grandes. Jesús les dijo: "¡Cuelan el mosquito pero se tragan el camello!" (Mateo 23:24). Asegura que algunas cosas en las Escrituras son más importantes que otras, y hay muchos versículos en la Biblia que indican cuáles son algunas de estas cuestiones "más importantes".

- "Ya se te ha dicho lo que de ti espera el Señor: Practicar la justicia, amar la misericordia y humillarte ante tu Dios". (Miqueas 6:8)
- "Así que en todo traten ustedes a los demás tal y como quieren que ellos los traten a ustedes. De hecho, esto es la ley y los profetas". (Mateo 7:12)
- "Ama al Señor tu Dios con todo tu corazón, con todo tu ser y con toda tu mente. Éste es el primero y el más importante de los mandamientos. El segundo se parece a éste: Ama a tu prójimo como a ti mismo". (Mateo 22:37-39)
- "Los asuntos más importantes de la ley [son]: la justicia, la misericordia y la fidelidad". (Mateo 23:23)
- "Porque ante todo les transmití a ustedes lo que yo mismo recibí: que Cristo murió por nuestros pecados según las Escrituras, que fue sepultado, y que resucitó al tercer día según las Escrituras". (1 Corintios 15:3-4)

En la práctica, interpretar las Escrituras a la luz de las Escrituras significa que los luteranos deben hacer algo de trabajo previo para definir la enseñanza de "las escrituras como un todo" de manera que puedan interpretar pasajes individuales a la luz de temas más amplios y el mensaje global. Cuando hacemos esto, las personas que no son luteranas suelen pensar que estamos interpretando la Biblia a la luz de nuestra propia teología. Entendemos por qué piensan eso, pero *nosotros* pensamos que estamos interpretando las Escrituras (pasajes individuales) a la luz de las Escrituras (la Biblia como un todo).

Veamos unos cuantos ejemplos:

Cómo funcionan los mandamientos. Los luteranos suelen decir que los mandamientos de Dios obran o funcionan de tres maneras: la *función política* de mantener el orden en la sociedad, la función *religiosa* de mostrarnos nuestra necesidad del Evangelio, y la función *ética* de enseñarnos a distinguir lo bueno de lo malo. No hay un versículo individual en la Biblia que lo explique; más bien, es algo que hemos aprendido al estudiar todos los mandamientos en las Escrituras. Sin embargo, una vez que hayamos aprendido esto, por lo general nos resulta útil para entender mandamientos individuales. Miramos tales pasajes y preguntamos: ¿qué dice este mandamiento sobre la manera en que se debe ordenar la sociedad? ¿Qué dice este mandamiento sobre el pecado y nuestra necesidad de la gracia de Dios? Y, ¿qué dice este mandamiento sobre nuestro comportamiento y estilo de vida personal?

Teología de la Cruz. Los luteranos creen que la muerte de Jesucristo en la cruz es un punto central primordial en las Escrituras, que revela algo profundo sobre el amor de Dios por nosotros y también sobre las expectativas de Dios sobre cómo debemos amar y tratar a los demás. Jesús nos pide que nos neguemos a nosotros mismos, que tomemos *nuestra* cruz y que lo sigamos (Marcos 8:34). El Apóstol Pablo nos pide que tengamos la misma actitud que Jesucristo, quien "se humilló a sí mismo y se hizo obediente hasta la muerte, ¡y muerte de cruz!" (Filipenses 2:5, 8). Los luteranos intentan leer la totalidad de las Escrituras bajo esta luz. Sabemos que hay pasajes individuales en la Biblia que prometen recompensas y prosperidad a las personas (Deuteronomio 28:9-14), pero tenemos que preguntar: ¿se dedicaría, la persona cuya mente está en sintonía con la del Cristo crucificado, a buscar recompensas personales y prosperidad? No, creemos que estamos llamados a amar a los demás con devoción generosa y a hacer lo que podamos para que este mundo sea un lugar mejor —metas más nobles que limitarse a expandir nuestras propias fronteras (vean 1 Corintios 4:10) o para nuestro propio beneficio. De la misma manera, una Teología de la Cruz (enseñada en las Escrituras como un todo) nos dice que Dios siente una preocupación especial por las personas más vulnerables de la tierra (Isaías 61:1; Lucas

6:20; Santiago 2:5) y que la religión pura debe estar orientada, fundamentalmente, a ellas (Santiago 1:27).

Justificación por la gracia por medio de la fe. Los luteranos creen que la Biblia como un todo presenta a Dios clemente y compasivo y "grande en amor y fidelidad" (Éxodo 34:6; Salmos 103:8; Joel 2:13). Somos pecadores indignos, pero hemos sido reconciliados con Dios por medio de la muerte y resurrección de Jesucristo. Dios envió a Jesús a morir por nuestros pecados, y podemos ser reconciliados con Dios al confiar en la gracia de Dios (Romanos 5:1-11; Efesios 2:8). Puesto que las Escrituras como un todo enseñan esto, no podemos engañarnos y pensar que nuestros propios esfuerzos o méritos mejorarán nuestra posición ante Dios o aumentarán el amor de Dios por nosotros. Existen muchos pasajes en las Escrituras que nos alientan a hacer buenas obras, y los tomamos en serio, pero no creemos que esas obras posibiliten que nos ganemos el favor de Dios. Interpretar las Escrituras a la luz de las Escrituras nos lleva a considerar el llamado a realizar buenas obras como una invitación para que las personas redimidas por la gracia de Dios actúen como las "nuevas criaturas", transformadas, llenas de espíritu y creadas por Dios (2 Corintios 5:17; Gálatas 5:22-23).

4. EL SIGNIFICADO EVIDENTE DEL TEXTO

Los luteranos dicen que las Escrituras se deben interpretar de acuerdo con su "sentido evidente". Esto significa que los pasajes se deben entender en el sentido que habría parecido obvio para sus lectores originales. No se deben sacar de contexto o deformar para ser leídos en un sentido que nunca se les habría ocurrido a sus lectores originales.

Esto proviene directamente de las enseñanzas de Martín Lutero y, cuando habló de ello, tenía algo específico en mente. Era popular en su época que a los intérpretes se les ocurrieran formas creativas de entender la Biblia que nunca formaron parte de la intención del autor. Esto se hacía encontrando un "significado secreto" en la Biblia que nadie había advertido antes. ¡Cuanto más creativo mejor!

Por ejemplo, la Parábola del Buen Samaritano (Lucas 10:30-37) podría leerse como una alegoría, lo cual significa que todo lo que había en la parábola representaba algo más. El hombre que cayó entre ladrones era la humanidad, y los ladrones eran el pecado, la muerte y el diablo. La humanidad necesitaba ser salvada, pero el sacerdote y el levita no pueden ayudar porque representan a las buenas obras, o los sacrificios u otras cosas que no pueden salvar a una humanidad caída. El Buen Samaritano representa a Cristo, que sí salva a la humanidad. El aceite que vierte sobre las heridas del hombre es el Espíritu Santo. La posada es la Iglesia y el posadero, el Apóstol Pablo. Las dos monedas podrían representar algo también —y también el burro.

Lutero detestaba esta forma de interpretar la Biblia. Y no es porque no estuviera de acuerdo con lo que se quería transmitir. Claro que la humanidad caída es salvada por Cristo (no por las buenas obras o los sacrificios) pero de eso no es de lo que habla *esta* parábola. Ésa no es la razón por la que Jesús contó la historia, y no es la razón por la que Lucas la puso en su Evangelio. Por decirlo de otra manera, no es el *sentido evidente* de la historia que habría sido obvio para los que la escucharon por vez primera. Y, aseguraba Lutero, si se permite que se siga con este tipo de cosas, las personas descubrirán que pueden hacer que la Biblia diga cualquier cosa que quieran que diga. Deberíamos apegarnos al sentido evidente de las Escrituras —el significado que tenía para sus lectores originales.

¿Qué pasa en la actualidad? ¿Las personas todavía leen la Biblia de maneras que ignoran su "sentido evidente"? Un ejemplo en nuestro mundo moderno podría ser la forma en que se trata el libro del Apocalipsis a ciertos niveles populares. Algunos libros que se han escrito sobre el Apocalipsis aseguran que los autores modernos pueden entender el libro de una manera que nunca habría sido entendido en el siglo primero. Lo hacen desarrollando un sistema creativo de códigos y dispensas —algunas basadas en cosas que encuentran en otros libros de la Biblia y otras basadas en eventos actuales o en cosas que han sucedido en la historia de la Iglesia. Entonces, cuando se aplican al libro del Apocalipsis, tenemos una idea de lo que va a suceder en el fin de los tiempos.

Probablemente sepan cómo es esa idea general. Va a llevarse a cabo un gran juicio final cuando todos los cristianos —o al menos los buenos cristianos— sean transportados al cielo, dejando a todos los demás en la Tierra

¿Cómo pueden abrirnos la Biblia las perspectivas luteranas?

preguntándose a dónde fueron. Y entonces habrá un gran cataclismo, y llegará el Anticristo y etcétera. . . .

Si se ha criado como luterano, probablemente no haya oído comentar esto mucho —o, quizás sólo lo haya oído comentar como algo que creen las personas de *otras* iglesias. ¿Por qué? ¿Creemos que está *mal*? ¿Creemos que *no habrá* un juicio final, o un cataclismo, o un Anticristo?

Eso sería ir demasiado lejos. Los luteranos no tienen una doctrina al respecto —aunque, por supuesto, tenemos *opiniones*, y las opiniones de luteranos individuales sobre materias tales variarán. Básicamente, reconocemos que el libro del Apocalipsis es un libro difícil de entender, y sabemos que personas inteligentes y responsables lo entienden de maneras diferentes. No respondemos a una forma de entender este libro como correcta y rechazamos otras formas de entenderlo como equivocadas.

Pero nuestra tendencia —lo que es típico y tradicional para los luteranos— es centrarnos en cómo habría sido entendido el libro por sus lectores originales. Este libro fue escrito para cristianos que habían sufrido una terrible persecución. ¿Por qué habían sido objeto de persecución? ¿Y cómo los habría consolado este libro y los habría ayudado en sus tribulaciones? Ésas son las preguntas que queremos hacer.

Si pasa tiempo en círculos luteranos, cuando oiga un sermón o estudio bíblico sobre el libro del Apocalipsis, probablemente no oiga hablar de cómo ciertas cosas en ese libro coinciden con cosas que están sucediendo en el mundo en la actualidad, y tampoco oirá hablar de cosas que van a suceder a continuación, o de *cuándo* sucederán esas cosas. Lo más probable es que oiga hablar de cómo la esperanza de la venida de Cristo nos da fuerzas y nos permite perseverar y mantenernos fieles a Dios en un mundo atribulado. La razón es que esto es lo que extraemos del libro cuando prestamos atención a su *sentido evidente* —lo que habría significado para sus lectores originales.

Otro posible ejemplo de "sentido evidente" en nuestro mundo moderno serían las decisiones sobre si las imágenes o historias están pensadas para ser leídas de manera figurativa o literal.

Hay personas en nuestro mundo moderno que aseguran que las historias que implican sucesos sobrenaturales deben ser leídas metafóricamente y no

43

literalmente. Por ejemplo, tomarán la historia de Jesús calmando la tormenta en el mar (Mateo 8:24-27) y dirán: "Jesús *en realidad* no hizo que se detuviera la tormenta; la historia, sencillamente, nos muestra cómo la fe en Cristo puede ayudarnos a superar (metafóricamente) las tormentas en nuestras vidas". Asimismo, asegurarán que Jesús no abrió literalmente los ojos de los ciegos —sino que abre nuestros ojos espirituales y nos cura de la ceguera espiritual.

El enfoque tradicional luterano a interpretaciones como ésta sería preguntar cómo se esperaba que los lectores originales entendieran estas historias. Una vez más, no puedo hablar por todos los luteranos, pero en lo personal creo que probablemente se esperaba de estos lectores originales que entendieran literalmente las historias de los milagros —como reportes de eventos reales que ocurrieron de manera observable. De manera que creo que nosotros también las debemos entender literalmente. No todos los luteranos estarán de acuerdo conmigo en este punto, pero el enfoque común luterano es aceptar el "sentido evidente" de las Escrituras, o el significado que un texto habría tenido para sus lectores originales.

El uso de este principio presupone que sabemos algo de los diferentes tipos de material que se encuentran en la Biblia y de cómo se deben entender estos diferentes tipos de material. ¿Cómo entendían las personas del siglo primero una literatura apocalíptica como la del libro del Apocalipsis? ¿Qué esperaban extraer de un libro como el Apocalipsis? ¿Cómo entendían las historias de milagros? ¿Figurativa o literalmente?

Hace unos cuantos años, daba una clase de escuela dominical sobre la Parábola del Buen Samaritano, mencionada más arriba. Dije algo como que "Jesús compuso esta historia para ayudar a las personas a entender lo que significa amar al prójimo". Una mano se levantó y un hombre preguntó: "¿Qué quiere decir con que 'compuso la historia'? ¿Está diciendo que la inventó?"

"Bueno", contesté. "Sí. Es una parábola".

"Así que está diciendo que *mentía*".

"No, no estaba mintiendo —dijo una parábola para ilustrar algo que quería transmitir".

"Pero usted no cree que sucediera de verdad —aunque la Biblia diga que sí sucedió".

Ahí me di cuenta que teníamos un problema. Él dijo: "La Biblia menciona que este hombre iba por la carretera a Jericó y cayó entre ladrones, y que luego se acercaron tres personas . . . pero usted está diciendo que nada de esto sucedió, que Jesús lo inventó y dijo que sucedió cuando no había sucedido. Eso convierte a Jesús en un mentiroso, y significa que la Biblia no es verdad".

Bueno, tengo que admitir que ésa fue la única vez que me encontré con tal preocupación específica. La mayoría de las personas en la iglesia parecen creer que la historia del Buen Samaritano es una parábola y que en realidad no importa si los eventos de una *parábola* sucedieron en la realidad de la historia.

Pero no puedo ser demasiado duro con este hombre. Cuando estudié en la Universidad Luterana de Texas hace muchos años, tenía un profesor de Biblia que nos dijo que la historia de Jonás y la ballena era un cuento popular hebreo. Esto significa que en realidad nunca sucedió. Nunca hubo una ballena —y quizás nunca haya habido un Jonás. Es sólo una historia ficticia que entró a la Biblia —como una especie de parábola— porque a las personas les gustaba el punto que quería transmitir.

Cuando oí esto, estuve seguro que mi profesor *no creía en la Biblia*. Pensaba que era un hereje, y podría habérselo dicho. Ahora me doy cuenta que lo que decía no tenía absolutamente nada que ver con *creer* en la Biblia; tenía que ver con cómo uno *entiende* la Biblia. Eso no quiere decir que el profesor tuviera razón —todavía no estoy seguro de eso— sino que si estaba equivocado, no era porque no creyera en la Biblia.

En lo personal no sé mucho de los cuentos populares hebreos. Sí sé (ahora) que muchos eruditos que son expertos en literatura hebrea dicen que sí, que el libro de Jonás —la totalidad del libro— es ficción. Es un cuento popular, como "Rip Van Winkle" o la leyenda de "Sleepy Hollow". Nunca se *esperó* que nadie la leyera como un relato histórico, y las personas de esa época se habrían sorprendido de saber que alguien la lee así en la actualidad. Ciertamente, la mayoría de las personas judías siempre han pensado así del libro de Jonás y, por lo tanto, lo colocan en una parte completamente distinta de su Biblia que donde lo colocamos nosotros. La colocan en una sección llamada "los Escritos" en lugar de colocarla con los profetas, porque, dicen, no es un relato biográfico de un profeta histórico, sino un cuento popular humorístico sobre un profeta ficticio.

¿Por qué pensarían eso? En la literatura inglesa, con frecuencia aparecen pistas que nos permiten saber qué tipo de historia es un escrito en particular. En nuestros días, si una historia empieza con las palabras "Había una vez...." y acaba con las palabras "fueron felices para siempre", existe una posibilidad bastante grande de que la historia sea un cuento de hadas, no un reporte noticioso. Los eruditos judíos y los eruditos cristianos que estudian el Antiguo Testamento me dicen que el libro de Jonás es algo parecido. Tiene ciertas características que lo identifican como cuento popular.

Para los luteranos, la pregunta tradicional sería: ¿cómo se esperaba que las personas entendieran esta historia en un principio? Quiero dejar esto claro porque a los luteranos se les suele malinterpretar en esta cuestión. Surge también con otras historias, como Noé y el Arca, o Adán y Eva. Muchos eruditos judíos a lo largo de los siglos han entendido estas historias como cuentos populares o fábulas —inspiradas por Dios, pero como cuentos ficticios en lugar de relatos históricos. Algunos cristianos —incluyendo a bastantes luteranos— también las entienden así. Al hacerlo, intentan leer las historias de la manera que las habrían leído los lectores originales, para descubrir el significado que las historias habrían tenido para esos lectores.

5. INTERPRETACIÓN PÚBLICA

Los luteranos dicen que la interpretación de las Escrituras es un acto público y no uno privado. Por medio de la Biblia, Dios habla a Israel y a la iglesia. Dios no habla directamente o en privado a las personas. Lo que Dios dice a Israel y a la iglesia puede tener una aplicación específica para las vidas individuales, pero el significado de las Escrituras para las personas debe estar en armonía con su significado universal para la comunidad de fe.

Encuentro que este principio resulta difícil de entender para algunas personas. Nosotros sí alentamos la lectura personal y privada de la Biblia, y sí creemos que la Biblia habla a las personas como Palabra viva con relevancia para sus vidas individuales. Pero los luteranos no creen que esto suceda automáticamente de una manera como que mágica. Las personas no abren sus Biblias para encontrar mensajes privados de Dios, palabras que se apliquen a ellos de una manera que probablemente nunca se apliquen a nadie más.

Puedo relatar una anécdota que podría ayudar a aclarar lo que queremos decir con "mensajes privados". Conozco a una mujer que me dice que Dios *sí* le envía mensajes privados cuando lee la Biblia. Me cuenta que todos los días abre la Biblia por la mañana y lee un versículo y Dios le dice lo que se supone que tiene que hacer ese día.

Una vez, abrió la Biblia (Versión Reina Valera Antigua) en el libro de Isaías, donde dice: "los que no tienen dinero, venid, comprad, y comed. Venid, comprad, sin dinero y sin precio, vino y leche". (Isaías 55:1 RVA). No estaba segura de lo que significaba, pero sí menciona comida y vino y leche, así que decidió que quizás Dios quería que fuera a comprar alimentos. Fue al supermercado y cuando llegó se encontró con una amiga que no tenía nada de dinero, así que le compró alimentos a su amiga. "Vea", me dijo, "Dios quería que fuera a la tienda esa mañana para ayudar a mi amiga, y Dios se valió de la Biblia para decirme que lo hiciera".

Los luteranos alabarían la generosidad de esta mujer, pero pondrían en duda su interpretación de las Escrituras. Cuando el profeta Isaías le dijo estas palabras al antiguo Israel, no le estaba diciendo a nadie que fuera a comprar al supermercado. Nosotros (los luteranos) queremos saber qué quería decirle el profeta Isaías a Israel. Y cómo se aplica a nosotros ese mensaje antiguo (eterno).

Sin embargo, cuando he contado anteriormente esta historia (con permiso de la mujer), he encontrado que algunas personas (incluyendo a luteranos) quieren apoyarla. Dirán: "¿Cómo sabe que Dios *no le habló* a esta mujer y le dijo que fuera al supermercado?" Bueno, claro que eso no lo sé. Dios puede hacer cualquier cosa —y Dios sí obra por senderos misteriosos. Lo que dirían los luteranos, sin embargo, es que no deberíamos *contar* con que Dios lo haga. No debemos *esperar* que Dios nos envíe mensajes secretos y privados cuando leemos la Biblia.

Hay un viejo chiste de predicador sobre un hombre que abría la Biblia todas las mañanas para que Dios le hablara, y un día dijo: "Judas fue y se colgó". ¿jmm?, pensó. No sé lo que Dios me está diciendo. Así que cerró la Biblia y la volvió a abrir. Esta vez dijo: "Ve y haz lo mismo".

Sí conozco a alguien —esto *no* es un chiste— que era estudiante universitario y estaba leyendo Isaías 55:12 para sus meditaciones matinales. Dice:

47

"Ustedes saldrán con alegría". Así que se decidió a pedirle una cita a una chica llamada Alegría. Lo hizo en serio. Pensaba que Dios le había dado un mensaje privado por medio de la Biblia.

El punto es, creo, que los luteranos no tratamos a la Biblia como algún tipo de libro mágico. No utilizamos la Biblia como algunas personas utilizan la tabla de la ouija o los horóscopos o las cartas del Tarot.

Pero esto *no* significa que creemos que la Biblia no tiene una aplicación personal en las vidas individuales. Claro que la tiene. Lo que recomendamos es que las personas busquen antes el significado *general* —lo que significaría el texto para todas las personas— y luego se pregunten por la aplicación personal a sus propias circunstancias particulares. Lo que la Biblia signifique para usted debe ser consistente o compatible con lo que significa para todo el mundo.

Unas palabras finales

Hemos identificado algunas cosas que los luteranos suelen decir sobre la naturaleza y autoridad de las Escrituras, y hemos hablado de los principios luteranos para entender la Biblia. Apuntamos, en primer lugar, que los luteranos hablan de la Palabra de Dios en un sentido triple: la Biblia es la Palabra escrita de Dios, y es testigo de la misma verdad que fue revelada en Jesucristo (la Palabra encarnada) y en el mensaje de ley y evangelio (la Palabra proclamada). Además, los luteranos dicen que las Escrituras por sí solas tienen la autoridad de la revelación divina, comunicando la verdad que no se puede conocer por medio de la razón o la experiencia.

Entender la Biblia es muy importante para los luteranos. En este capítulo hemos descrito cinco principios que los luteranos suelen utilizar para entender las Escrituras:

Decimos que la Biblia nos comunica el mensaje de ley y evangelio de Dios, y que tanto la ley como el evangelio deben mantenerse unidos para que se cumpla la Palabra de Dios.

Intentamos entender las Escrituras en términos de "lo que muestra a Cristo" —somos el pueblo de Jesús y leemos la Biblia como el libro de Jesús.

Interpretamos las Escrituras a la luz de las Escrituras, entendiendo los pasajes individuales desde una perspectiva moldeada por lo que se enseña en la Biblia como un todo.

Decimos que las Escrituras se deben interpretar de acuerdo con su sentido evidente, de la manera que habrían sido entendidas por sus lectores originales.

Y decimos que el significado de las Escrituras se encuentra por medio de una combinación de la interpretación pública y la aplicación personal; la Biblia es la Palabra de Dios para todos y no debe ser tratada como una fuente para recibir mensajes privados o secretos.

Estas cosas son típicas y tradicionales para los luteranos.

Ahora, quiero regresar a algo que mencioné al principio y anexarle una nota al calce. Mencioné que en verdad me gusta la forma en que los luteranos se acercan a la Biblia. Eso es verdad, pero hay una cosa que *no* me gusta. . . .

Lo que no me gusta es que muchos luteranos no se acercan lo suficiente a la Biblia. Se sabe de algunos luteranos —probablemente ninguna de las buenas personas que están leyendo este libro— pero *algunos* luteranos sólo envían a sus hijos a clase de Confirmación y vienen a la iglesia el domingo por la mañana, y dejan que su pastor les diga lo que dice la Biblia en lugar de leerla verdaderamente por sí mismos.

Esto es muy poco luterano. Martín Lutero tradujo la Biblia entera, Antiguo y Nuevo Testamento, al lenguaje de las personas comunes para que toda familia en Alemania pudiera leer las Escrituras en su hogar. Fue una de las primeras personas en hacerlo. Representó mucho trabajo, y lo hizo porque *quería que los luteranos leyeran la Biblia en sus hogares.*

Los luteranos hoy no siempre aprovechan lo que las Escrituras tienen que ofrecer. De hecho, en ocasiones se oye a los luteranos casi presumir de que no están todo el día con la Biblia abierta como la gente de otras iglesias. Pero, en honor a la verdad, no nos perjudicaría consultar nuestras Biblias un poco más.

Deberíamos leer la Biblia, deberíamos estudiar la Biblia, deberíamos creer la Biblia, deberíamos atesorar la Biblia . . . y, creo, deberíamos incluso memorizar pasajes de la Biblia, capítulos y versículos.

¿Por qué? Porque la Biblia es la Palabra de Dios. La Biblia nos dice lo que Dios quiere decirnos.

Más aún, la Biblia nos *hace* cosas. En las propias Escrituras, solemos oír hablar de la Palabra de Dios como una fuerza activa, dinámica: la Palabra de Dios limpia; sana; crea; juzga; salva. Una cosa que *no* hace es esperar cerrada en las mesitas de noche o en las mesas de centro. En cambio, la Palabra de Dios es una fuerza que nunca regresa vacía sino que cumple los propósitos de Dios (Isaías 55:11).

Así que la Biblia es, en realidad, *más* que un libro que dice lo que Dios quiere decir; también es un libro que *hace* lo que Dios quiere hacer: un libro que nos afecta, que nos transforma.

Y lo mejor de todo, la Biblia nos revela a Cristo. Nos lleva a una relación viva con Jesucristo, quien se levantó de entre los muertos. Por medio de la Biblia llegamos a conocer a Jesús y a amarlo, y a experimentar su amor por nosotros.

La Biblia nos abre el mismísimo corazón de Dios. Nos muestra lo que Dios ha hecho por nosotros —lo que Dios todavía hace por nosotros— lo que Dios siempre hará por nosotros.

Esto es lo primero y lo último que quiero decir sobre los luteranos y la Biblia: la Biblia es la Palabra de Dios.

3. ¿Cómo se puede estudiar la Biblia?
Diane Jacobson

Introducción

Como han expresado los dos primeros capítulos, los luteranos vamos a nuestro encuentro con la Biblia con ciertas convicciones y expectativas. Venimos no sólo a oír hablar de Dios, sino también a experimentar a Dios directamente. Venimos no sólo a aprender de Jesús, sino también a encontrarnos con Jesús. Venimos convencidos, convictos si se prefiere, de que este encuentro dará frutos en nuestras vidas por el bien del mundo de Dios. Venimos confiados en que la inmersión en la Biblia, la mayor fluidez en el lenguaje de la Biblia, nos ayudará a vivir con mayor intensidad nuestro llamado como personas renovadas, animadas y fortalecidas por la Palabra.

Como nos han mostrado tanto Stan Olson como Mark Powell, la interpretación y experiencia luterana de cómo funciona este encuentro ha dado origen a ciertos principios de interpretación que son los que mejor sirven a nuestra lectura. La Biblia nos habla como ley y como evangelio. La Biblia nos señala a Cristo como el Señor encarnado, crucificado y resucitado. Empezamos nuestra lectura con el sentido evidente de un texto, y leemos cada texto en el contexto de la totalidad de las Escrituras. Y nuestras interpretaciones son públicas en lugar de privadas, capaces de ser oídas e interpretadas y vividas en conversación abierta con toda la iglesia.

Así que, teniendo en cuenta estas convicciones y estos principios, ¿cómo podríamos abrir nosotros mismos la Biblia y empezar a leerla y estudiarla? ¿Son algunos métodos de estudio más fructíferos que otros? ¿Hay preguntas específicas que podamos hacer y observaciones que podamos seguir, que sirvan a nuestras convicciones y nos conduzcan a Dios, que nos habla por medio de la Biblia?

Cuatro formas de acercarse a la Biblia

En este capítulo examinaremos cuatro enfoques, o métodos, diferentes para el estudio bíblico que han ayudado a las personas tanto de la actualidad como de las generaciones pasadas. Por supuesto que éstas no son las únicas formas de acercarse a la Biblia, pero cada una de ellas proporciona una guía singularmente útil. Los enfoques se pueden seguir cada uno de manera independiente, o pueden utilizarse juntas múltiples preguntas de diferentes métodos, algo que se hace con mucha frecuencia. Cada uno de los enfoques tiene puntos fuertes específicos que se harán notar. Y los enfoques no están en el mismo orden. Los primeros tres enfoques son métodos de lectura y estudio de la Biblia que los luteranos comparten con otras personas de fe. Compartimos con otros la convicción y la esperanza de que estas formas de lectura y estudio puedan ayudarnos a oír lo que Dios nos está diciendo. El cuarto enfoque reúne las perspectivas luteranas específicas sobre cómo funciona la Biblia y desarrolla estas perspectivas en la forma de preguntas que podemos incorporar a nuestro estudio bíblico. Aunque compartimos estas preguntas sobre la Biblia y su mensaje con otros cristianos, los luteranos tenemos un interés específico en asegurar que tales preguntas ocupan el centro de nuestro estudio bíblico. Los cuatro métodos que exploraremos son:

- Lectura devocional
- Lectura[1] histórica
- Lectura[2] literaria
- Lectura teológica luterana

Juntas, estas metodologías se pueden combinar en un enfoque global e inclusivo que está representado por la gráfica en la página 65.[3]

Note en el diagrama que la Biblia se encuentra en el centro. Y todos los métodos de los que hablaremos, así como el enfoque unificado que combina los cuatro métodos, asumen que el punto central de nuestro estudio y conversación es el propio texto de la Biblia.

Lectura devocional

Empecemos con un método que se centra en leer el texto como devoción o como meditación. Este enfoque se puede seguir de manera individual o en grupo. La práctica de la lectura meditativa o devocional tiene una larga historia en la iglesia y ha adoptado muchas formas diferentes.

El más antiguo de estos enfoques quizás sea la *Lectio Divina* (latín para "lectura sagrada"), un método muy antiguo, alimentado por los monjes benedictinos, que se puede remontar hasta el periodo patrístico (d.C. 100-450). Este enfoque estaba designado para meditaciones individuales, pero también se ha expandido para su uso en grupos.[4] *Lectio Divina* por lo general tiene cuatro pasos que se pueden utilizar y adaptar para muchos tipos de lectura devocional:

- Paso 1 *Lectio* (leer o escuchar el texto)
- Paso 2 *Meditatio* (meditar, reflexionar y examinar el texto)
- Paso 3 *Oratio* (responder con oración)
- Paso 4 *Contemplatio* (contemplar y sentarse tranquilamente en presencia de Dios)

Veamos cada paso con mayor atención. En el Paso 1 (*Lectio*) leemos o escuchamos un texto bíblico. La expectativa es que el texto se leerá en voz alta, con atención y pausadamente. Quizás el texto pueda ser leído dos veces por personas diferentes que desean leer. Después de la lectura debe haber silencio, permitiendo que se asienten cada palabra y el pasaje como un todo.

En el Paso 2 (*Meditatio*) meditamos, reflexionamos y examinamos el texto. Cuando examinamos las Escrituras literalmente "las masticamos" e intentamos "digerir" su significado. Después del silencio, cada persona puede compartir cómo ha tocado su corazón una palabra o frase. Dysinger sugiere que "los cristianos siempre han visto una invitación de un texto de las Escrituras a la *Lectio Divina* en el ejemplo de la Virgen María 'guardando en su corazón' lo que veía y oía de Cristo" (Lucas 2:19).[5] Se podría utilizar cualquier número de preguntas para la reflexión. En las últimas décadas, diferentes grupos han diseñado diferentes sistemas de preguntas que han resultado útiles.

Un ejemplo proviene de uno de nuestros ministerios luteranos al aire libre. Los Ministerios del Monte Carmelo sugieren el método T.R.I.P. para acercarse a un texto en su publicación devocional,[6] que se basa en los textos diarios moravos:

> T = THANKS = GRATITUD *¿Qué hay en el versículo que me haga sentir agradecimiento?*
> R = REGRET = ARREPENTIMIENTO *¿Qué hay en el versículo que me provoque arrepentimiento?*
> I = INTERCESSION = INTERCESIÓN *¿Hacia qué me dirige a orar el texto?*
> P = PLAN OF ACTION = PLAN DE ACCIÓN *¿Qué acción me anima el texto a emprender hoy?*

En la séptima parte de su serie de videos, titulada: "How Lutherans Interpret the Bible" ["*Cómo interpretan la Biblia los luteranos*"],[7] Mark Allan Powell recomienda dos conjuntos de preguntas, uno de Donald S. Whitney en *El Centro para la Espiritualidad Bíblica* y el segundo enfoque llamado SPECK (o PPEOC, por sus siglas en español) desarrollado por David Mann. Mann sugiere preguntar si el pasaje revela un **P**ecado que confesar, una **P**romesa en la que creer, un **E**jemplo a seguir, una **O**rden que obedecer o un **C**onocimiento que adquirir.

Dos libros anteriores escritos para estudios bíblicos de mujeres sugieren quince formas diferentes de estudiar la Biblia con un número de útiles preguntas y sugerencias:[8]

- ¿Qué le dice este pasaje a nuestro mundo, nuestra nación, nuestra comunidad, nuestra iglesia, a mí?
- ¿Qué imágenes vienen a la mente?
- ¿Qué sentimientos tuve?
- ¿Qué me preocuparía si tomara estas palabras en serio?
- ¿Qué persona o situación vería de manera diferente de cómo la veo ahora?
- ¿Qué nueva posibilidad me está ofreciendo Dios?

Estos libros también recomiendan adoptar el *método sueco de marcación*, que sugiere marcar el texto con:

- una velita para una idea nueva
- una doble velita para un versículo a memorizar
- una flecha para un versículo que se relaciona con una experiencia personal, y
- un signo de interrogación cuando algo no está claro

Muchas otras preguntas también pueden servir como guía de meditación:

- ¿Qué me asusta, confunde o supone un reto para mí en este texto?
- ¿Qué me deleita en este texto?
- ¿Qué historias o recuerdos despierta en mí este texto?
- ¿Cuál es la intención de Dios en este texto?

Independientemente de qué pregunta o conjunto de preguntas se pueda utilizar, tener un plan, utilizar las preguntas de manera consistente a lo largo del tiempo, dejar suficiente tiempo para la contemplación y oír a todos los participantes, son todos ingredientes cruciales.

En el Paso 3 de *Lectio Divina (Oratio)*, nos enfocamos en responder con la oración. Este paso es extrañamente difícil para muchas personas. Quizás estamos fuera de práctica en el hablar de manera directa y personal con Dios desde el corazón. Quizás estemos acostumbrados a dejar que los pastores y pastoras oren por nosotros. Al dejar que la oración brote de nuestro encuentro con el texto, tenemos una oportunidad tanto de orar en respuesta a nuestro propio encuentro como de ofrecer oraciones por otra persona en el grupo. Empezar con la oración es la práctica más común para el estudio bíblico luterano. Oramos para que el Espíritu esté presente con nosotros y por medio de nosotros para todos en nuestro estudio de la Palabra de Dios.

Por último, en el Paso 4 (*Contemplatio*) contemplamos todo lo que hemos leído y oído mientras nos sentamos tranquilamente en presencia de Dios. Una vez más, Dysinger resulta útil:

> En la antigüedad, la contemplación no se consideraba como una meta a alcanzar por medio de algún método de oración, sino que sencillamente se aceptaba con gratitud como don recurrente de Dios. A intervalos, el Señor nos invita a dejar de hablar para que, sencillamente, podamos descansar en su regazo. Éste es el polo de nuestro ritmo espiritual interior, llamado contemplación. . . . Debemos estar dispuestos a sacrificar nuestro enfoque "dirigido a metas" si queremos practicar la *Lectio Divina*, porque *Lectio Divina* no tiene otro objetivo que pasar tiempo con Dios por medio de su Palabra.[9]

Lectio Divina sin duda no es el único enfoque meditativo o devocional al estudio bíblico, pero proporciona un modelo de meditaciones estructuradas. Resulta interesante constatar que Lutero recomienda precisamente tal enfoque como práctica espiritual para la formación de jóvenes teólogos.[10] Lutero basa su enfoque en el Salmo 119, reduce el número de pasos a tres y los fija en su propio contexto teológico que nos advierte que no le demos demasiada importancia a nuestro propio pensamiento. Lutero nos exhorta a empezar con la *oratio* (oración), diciendo a sus estudiantes que se "arrodillen en su cuarto (Mateo 6:6) y oren a Dios con verdadera humildad y fe, para que Dios, por medio de su querido Hijo, les envíe a su Espíritu Santo, que los iluminará, los llevará de la mano y les dará entendimiento".[11]

"En segundo lugar", dice Lutero, "deben meditar, esto es, no sólo en su corazón, sino también externamente, al repetir y comparar el lenguaje oral y las palabras literales del libro, leyendo y volviéndolas a leer con atención diligente y reflexión, para que puedan ver lo que quiere decir el Espíritu Santo con ellas".[12] Para Lutero, *meditatio* incluye estudiar, de manera que este enfoque "devocional" no está separado de la razón sólida.

En tercer lugar, para Lutero, está la *tentatio*, en alemán, *Anfechtung*. Ambas palabras son muy difíciles de traducir, pero son próximas a "tentación", "tribulación" o "aflicciones". *Tentatio* está conectada a la Teología de la Cruz de Lutero. Lutero aquí nos anima a entender que, por medio de pruebas internas y externas, se nos acerca a la Biblia y al consuelo que sólo ésta puede proporcionar. Dice: "Ésta es la piedra de toque que enseña no sólo a saber y entender, sino también a experimentar lo acertada, verdadera, dulce, encantadora, poderosa y consoladora que es la Palabra de Dios, sabiduría más allá de la sabiduría".[13]

Así que nuestro primer enfoque al estudio de la Biblia es devocional o meditativo. Esta práctica tiene un patrón, sucede a lo largo del tiempo y llega con una expectativa de oír a Dios y ser partícipes y transformados. El enfoque está arraigado en la oración y en acercarse al estudio con una actitud adecuada, y con apertura y humildad. La fortaleza del enfoque se encuentra en la capacidad de todo el mundo de abrir juntos las Escrituras e incorporarse a la conversación. No se tiene un experto en la sala, ni se necesita. Cada persona es alentada a escuchar bien, a participar personalmente y a compartir abiertamente.

Los siguientes dos métodos surgen más directamente de los círculos académicos y su intención es oír el texto en contexto, ya sea histórico o literario. Con frecuencia, estos dos enfoques se superponen. Aunque muchos creyentes y no creyentes han utilizado ambos métodos para entender mejor la Biblia, como ambos métodos están preocupados por el contexto, pueden ser asociados al principio interpretativo luterano de empezar por el significado evidente del texto. Ambos métodos nos invitan a pasar de cómo funcionaba el texto por medio de su público original y en el mismo a cómo funciona por medio de nosotros y en nosotros.

Lectura histórica

Un enfoque histórico empieza con el reconocimiento de que la Biblia es un texto antiguo escrito por personas que vivieron en una época y unos lugares diferentes de los nuestros. La hipótesis básica de este método es que no podemos entender el significado literal del texto sin entender algo sobre estas personas, lugares y épocas. Queremos saber lo que podamos descubrir sobre la situación original del texto y las intenciones del autor. Queremos entender el mundo histórico y social del texto. Entonces, trabajamos por analogía para entender cómo se dirige a nosotros el texto en nuestra época.

Un ejemplo: Al hablar del mundo histórico, si sabemos algo del reino norte de Israel "cuando Uzías era rey de Judá, y Jeroboán hijo de Joás era rey... de Israel" (Amós 1:1), podemos entender mejor lo que está diciendo Amós y por qué lo dijo. Podemos entonces pensar en situaciones similares en nuestro propio país y en nuestra propia época y considerar si Dios podría estar haciéndonos la misma exigencia profética de justicia.

Un ejemplo ligeramente más complicado: Cuando leemos el Evangelio de Lucas, querríamos saber más sobre dos situaciones históricas. En primer lugar, ¿cuál era la situación en "el año quince del reinado de Tiberio César, cuando Poncio Pilato gobernaba la provincia de Judea y Herodes era tetrarca en Galilea" (Lucas 3:1), durante la época en que sucedió la actividad reportada en el capítulo? En segundo lugar, ¿qué estaba sucediendo en la última parte del siglo primero cuando la mayoría de los estudiosos de Lucas creen que se escribió el Libro de Lucas? Ambos tipos de historia podrían ayudarnos a entender la presentación que hace Lucas de Juan el Bautista en el capítulo tres. También, como un tercer ejemplo, cuando se habla del mundo social de los textos bíblicos, saber algo de la esclavitud como se practicaba en el Imperio Romano nos ayuda a entender la importancia de la descripción que hace Pablo en Filipenses 2:7 de Cristo "tomando la naturaleza de siervo". Esto, a su vez, nos ayuda a oír la proclamación de Pablo para nuestra propia época.

Un enfoque histórico al estudio de las Escrituras nos invita a concentrarnos en las preguntas de quién, qué, por qué y dónde. La pregunta subyacente siempre sería la siguiente: ¿Qué perspectivas de la historia sería útil conocer para oír, leer, estudiar o entender el significado evidente de este pasaje con mayor exactitud?

A continuación proporcionamos algunos ejemplos de preguntas históricas que podrían hacerse:

- ¿Qué sabemos del autor, sobre quién escribió el pasaje?
- ¿Sabemos a quién o para quién se escribió este pasaje?

- ¿Por qué se escribió este texto o qué situación se aborda en el mismo?
- ¿Cuándo fue escrito este texto y qué sabemos de ese periodo de la historia?
- ¿Dónde fue escrito este texto y qué sabemos sobre esa antigua parte del mundo?
- ¿Qué realidades políticas y sociales implícitas podrían arrojar algo de luz sobre este texto?
- ¿En qué se parece este texto a otras historias o textos antiguos que podrían arrojar algo de luz sobre su significado?
- ¿Qué cosas sabemos sobre el mundo antiguo que podrían ayudarnos a leer y entender este texto?

Los ejemplos que se podrían dar de tales preguntas históricas y potenciales perspectivas son infinitos. También suelen ser abrumadores y confusos, y esto indica tanto la fortaleza como la debilidad de este método de estudio. La realidad es que la mayoría de las personas no estudian la Biblia en una sala llena de expertos, ni siquiera con un solo experto en la sala. De manera que, ¿cómo puede resultar útil este método a la comunidad promedio que estudia la Biblia? A continuación les ofrecemos algunas sugerencias:

1. Sean muy claros con respecto a las preguntas que tienen, y luego reconozcan que no todas estas preguntas tienen respuesta. No hay duda que no todas estas preguntas tienen respuestas que sepamos. ¡Incluso podrían considerar cómo podría alguien tener respuestas para sus preguntas y dejar de lado aquellas que no conocen su respuesta!

2. Sepan que las personas con capacitación (pastores y pastoras, maestros, maestras profesores y otros líderes capacitados) con frecuencia pueden ser útiles. Pero, cielos, ¡hasta los eruditos no siempre tienen razón! Los eruditos suelen aprender cosas nuevas que nos hacen cambiar de opinión sobre cosas que creíamos saber. Los eruditos suelen trabajar con la mejor de las teorías posibles y no con hechos probados. También se sabe que, con frecuencia, los eruditos no están de acuerdo entre sí. En

ocasiones, cuanto más descubrimos, menos seguros estamos de lo que sabemos. Por lo general, nuestros propios prejuicios tienen algún efecto en cómo pensamos y en lo que creemos saber. Ciertamente, todo esto parece bastante confuso pero, en verdad, tal confusión suele dar profundidad al significado de los textos de maneras que están más allá de lo que podemos imaginar. Y esto nos lleva a indagar con mayor profundidad y a intentar diariamente oír el texto con mayor claridad. Así que pídanles a personas con capacitación que se unan a la conversación.

3. Encuentren y usen buenos recursos. Podrían empezar con una buena Biblia de estudio.[14] Consulten libros accesibles de editoriales serias y escritos por eruditos serios. Aquí las personas también podrían no estar de acuerdo en quién es y quién no es serio. Pídanles fuentes y autores confiables a sus líderes pastorales. Algunos libros podrían estar a su disposición en la biblioteca de la iglesia. Empiecen un estudio bíblico estructurado, con material diseñado para ayudar a responder estas preguntas.[15]

4. Sigan explorando. Explorar las cuestiones históricas puede ser divertido, educativo, atractivo y, en una buena parte de los casos, lleva a una lectura más profunda y rica del texto bíblico.

Lectura literaria

En términos de explorar la riqueza y profundidad de la Biblia, este método es igual de valioso que el enfoque histórico. El objetivo central del enfoque literario es oír o leer un texto bíblico con particular atención a cómo está escrito el texto, cómo transmite significado el texto y cómo era y es leído el texto. Lutero y otros líderes de la Reforma se sumergieron profundamente en la interpretación del texto bíblico de esta manera, preocupándose por los idiomas originales hebreo y griego y leyendo el texto con gran cuidado, atendiendo tanto a los detalles como a la lógica del argumento. Mientras el método anterior se preocupaba por el contexto histórico, este método se preocupa por el contexto literario. Algunos aspectos de este método se superponen al método histórico y los datos académicos e históricos podrían servir de ayuda. Sobre todo, este método nos pide que aprendamos algunas cuestiones literarias útiles para aplicarlas a un texto y que luego nos convirtamos en lectores minuciosos y atentos que creen que sí importan los detalles de un texto. Con cada texto, empezamos por unos primeros pasos y luego nos movemos en diferentes direcciones dependiendo del texto que estemos estudiando.

Paso 1. Elijan el texto en sí con cierta atención. Por lo general, un versículo es demasiado corto y un libro entero es demasiado largo. Elijan un texto con un principio y un fin lógicos —por ejemplo, una parábola, un salmo, un conjunto de instrucciones, una escena o toda una historia.

Paso 2. Identifiquen a qué tipo de literatura pertenece el texto elegido. ¿Es una parábola o un salmo? ¿Es literatura profética o parte de una carta? En ocasiones las respuestas son muy directas, aunque este paso puede ser más controversial de lo que parece a primera vista. ¿Es Jonás un libro profético o un cuento? (Vean el debate de Mark Powell sobre esta pregunta en el capítulo 2, p. 40.) ¿Qué es un Evangelio? ¿Cómo describir el primer capítulo del Génesis? Con frecuencia nos vemos atrapados por preguntas históricas como: "¿Esto sucedió de verdad?" Entonces llamamos "historia" al pasaje en lugar de "cuento" o "relato", y queremos leerlo de una manera diferente. Pero la Biblia es un libro, o, como han dicho algunos, la Biblia en realidad es una biblioteca con sesenta y seis libros. E incluso se narran eventos históricos, y por lo tanto se puede leer como se lee cualquier narrativa. En este método, oír los detalles de *cómo* se cuenta la historia es tan importante como oír los hechos.

Paso 3. Lean las diferentes versiones del texto bíblico para que les ayuden a descubrir la importancia de las elecciones hechas por los traductores. Preocúpense de advertir cómo diferentes versiones expresan detalles de diferentes maneras. ¿Cómo alteran o dan una perspectiva diferente las traducciones a una palabra o frase? Descubrir qué se dice en el hebreo original del Antiguo Testamento o en el griego del Nuevo

Testamento puede ser importante y, en ocasiones, pueden servir de ayuda las notas de estudio o utilizar una concordancia bíblica.[16] Con este método, lo más conveniente es utilizar traducciones más literales como la Versión Popular Dios Habla Hoy, Reina Valera, La Biblia Latinoamericana o La Nueva Versión Internacional.

Paso 4. Conozcan los temas generales y el propósito del libro en el que se encuentra su pasaje. No todo el mundo puede hacer este paso, especialmente al empezar a estudiar la Biblia. Pero los miembros de un grupo pueden considerar juntos lo que saben sobre un libro en particular. Y consultar la introducción de un libro en una Biblia de estudio puede resultar útil.

Estos primeros pasos son buenos puntos de partida para estudiar cualquier tipo de literatura bíblica. Pero preguntas posteriores serían diferentes dependiendo de si se están leyendo cartas o poesía o profecías o la ley, etc. Aquí examinaremos preguntas que se podrían hacer si estuvieran leyendo una narrativa bíblica (como Génesis, Éxodo, Rut, Josué, Mateo, Marcos, Lucas o Juan).

PREGUNTAS PARA LEER UN CONTEXTO LITERARIO

Cuando está leyendo una narrativa bíblica podría hacer toda una serie de preguntas. En realidad son preguntas que podría hacer cuando lee cualquier novela o narración corta o autobiografía. No tiene que ser un experto, sólo un lector atento y meticuloso. Las siguientes son una serie de preguntas de ejemplo sobre el contexto más amplio, personajes, medio ambiente, temas y puntos de vista.

Sobre el contexto literario

¿Cuál es el argumento general de esta historia, y cómo encaja este texto en ese argumento?

¿Tiene la historia una estructura que sea como la de otras historias, por ejemplo, un hombre que conoce a una mujer cerca de un pozo o una persona que es llamada por Dios? Si es así, entonces podemos comparar estas historias y considerar lo que es más importante en el texto que tenemos delante.

¿Hay detalles en este texto que nos recuerden a detalles en otras partes de este libro o de otros libros? Por ejemplo, ¿hace este texto especial referencia al agua o la ropa o la comida? Si es así, podríamos pensar qué papel tienen el agua o la ropa o la comida a lo largo de la Biblia.

Sobre los personajes

¿Quiénes son los personajes principales y secundarios en este texto? Los personajes principales tienden a tener nombres, a hablar, a actuar y a que se desarrolle su carácter.

¿Qué sabemos sobre cada personaje individual? ¿Aprendemos algo del narrador o de otro personaje, o intuimos algo de ellos a partir de algún detalle en el texto? En ocasiones, resulta interesante contar la historia desde el punto de vista de cada personaje y averiguar con quién nos identificamos más y quién nos provoca simpatía, desprecio o admiración.

Sobre el medio ambiente

¿Cuál es el medio ambiente más sobresaliente en este texto? El medio ambiente puede ser de espacio, temporal, cultural o social. Desde el punto de vista de espacio, el medio ambiente puede ser en interiores, en exteriores o en el umbral de una puerta. Podría ser un templo, un palacio, una carpa o una ciudad, un desierto o un río. Desde el punto de vista temporal, el medio ambiente podría ser un cierto periodo del día o la época de la cosecha o la temporada más fría del invierno o la época de un festival en particular. Desde el punto de vista social o cultural, el medio ambiente podría ser un banquete o las puertas de una ciudad o un pozo. Cada uno de estos ambientes nos invita a entrar a un mundo diferente histórica o simbólicamente, o en nuestra imaginación.

Sobre los temas

Los detalles de los textos bíblicos, a su vez, nos invitan a considerar los temas literarios.

¿Qué temas se destacan en el texto que tenemos ante nosotros?

Por ejemplo, ¿este texto trata de violencia, poder, elección o moralidad? ¿Qué se recomienda y qué advertencias se dan? ¿Cómo lo sabemos?

Sobre los puntos de vista

Podríamos examinar nuestro texto desde una variedad de puntos de vista. Hemos hablado del punto de vista de diferentes personajes.

¿Cuál es el punto de vista del narrador? ¿Cómo lo sabemos?

Y, para culminar, ¿cuál es el punto de vista de Dios en este texto, y cómo lo sabemos?

Hacer estas preguntas literarias puede profundizar enormemente nuestra lectura. Las respuestas no serán uniformes, ni nos revelarán un significado único del texto, pero cuando empecemos a notar los detalles de cómo se cuenta una historia, el texto puede cobrar vida de maneras nuevas y creativas. Tras examinar las preguntas que podríamos hacer sobre una narración, podemos imaginar preguntas similares sobre cartas o listas de leyes u otros tipos de escritos.

PREGUNTAS RETÓRICAS Y DE PERSUASIÓN

Antes de dejar este método, se debe mencionar un conjunto relacionado de preguntas retóricas que nos invitan a entrar a una perspectiva ampliada de la Biblia. Las preguntas literarias que hemos hecho hasta ahora se centran en cuestiones que se basan en los textos; esto es, las preguntas se concentran todas ellas en detalles dentro del propio texto. Un conjunto retórico de preguntas empieza con la observación y convicción de que todos los textos bíblicos tienen, en cierta medida, un carácter persuasivo. Esto es, un texto no sólo es analizado u observado, le hace algo a la persona que lo lee o lo oye. La retórica clásica greco-romana nos haría observar que cada situación de un discurso implica la presencia de tres elementos: el orador (o autor), el discurso (o texto) y el público (o destinatarios).

El análisis retórico preguntaría como convence este texto. Podríamos hacer preguntas tales como: ¿Quién es el orador o autor? ¿Quién es el público o lector? ¿Cómo influye en nosotros este texto? En cierto nivel estas preguntas nos remiten al método histórico porque podríamos intentar responder históricamente estas preguntas. Sin embargo, en otro nivel, estas preguntas retóricas nos remiten a nuestro método final de estudio de las Escrituras. Porque ahora somos el público del texto, somos los destinatarios.

En el centro de la idea luterana de leer el texto como ley y evangelio está la forma en que la Biblia se dirige a nosotros al leer el texto en la actualidad.

Lectura teológica luterana

Como dijimos al principio del capítulo, los primeros tres métodos son enfoques de estudio de la Biblia que los luteranos compartimos con otros cristianos. Sin embargo, como se ha dejado claro en el primer capítulo de este libro, también nos acercamos a nuestro estudio con ciertas convicciones, perspectivas y expectativas que surgen en especial de nuestra herencia luterana. Mientras encontramos y somos encontrados por la Biblia, esperamos no sólo aprender sobre quién es Dios y quién es Cristo, esperamos oír a Dios y a Cristo hablarnos directamente.

LEY Y EVANGELIO

Aseguramos, de manera específica, que cuando leemos la Biblia, nos hablará como ley y como evangelio. Esto no quiere decir que algunos textos que leemos son etiquetados siempre como textos de ley y otros siempre como textos de evangelio, sino que cuando oímos o leemos o estudiamos la Biblia, algo nos sucede. Hacer preguntas de ley y evangelio es preguntar por el efecto de los textos sobre nosotros en lugar de preguntar específicamente sobre el contenido. Tenemos frente a nosotros a la ley de Dios; esto es, a las exigencias que nos hace Dios, a las expectativas que tiene Dios de nosotros, o al juicio al que nos somete Dios. Y como nunca podemos estar a la altura de estas expectativas justas y buenas, sentimos el impulso de dirigir la vista a Dios para que les hable a nuestras insuficiencias, a nuestro pecado y a nuestra desesperación. Es entonces que se nos pueden abrir los oídos para escuchar el evangelio de Dios, la buena nueva de perdón, gracia y promesa de Dios. Así que, cuando leemos cualquier texto bíblico, debemos preguntar:

- ¿De qué maneras oímos este texto como ley? O, ¿cómo nos habla la ley cuando lo oímos o lo leemos o lo estudiamos? ¿Qué exigencias se nos hacen? ¿Qué juicios? ¿Cómo nos lleva este texto a conocer nuestro propio pecado?

- Y luego, ¿de qué maneras oímos este texto como evangelio? ¿Cómo nos proclama este texto el evangelio cuando lo oímos o lo leemos o lo estudiamos? ¿Cómo oímos la buena nueva de Dios de perdón de nuestro pecado, de gracia dirigida a nosotros, de promesa que ha de estar con nosotros, del don de Cristo Jesús que nos ha sido otorgado?

Estas preguntas no tienen respuestas correctas o incorrectas. Cuando hacemos estas preguntas, personas diferentes oirán el texto de manera diferente. Y nosotros mismos podríamos un día oír más ley y otro más evangelio en el mismo texto. Con frecuencia escucharemos ambas cosas. Esta experiencia de oír la ley y el evangelio subyace en las entrañas de lo que hace que la Biblia sea verdadera para nosotros, porque esta experiencia nos coloca en una relación con Dios y con Cristo.

LO QUE MUESTRA A CRISTO

Y en medio de oír el texto como ley y evangelio, el texto nos indica, nos conduce, nos lleva a Cristo. Kathryn Kleinhans apunta, citando a Lutero, que debemos esperar, cuando leemos las Escrituras "el recibir a Jesucristo 'como un don, como un regalo que Dios te ha dado y que es tuyo'; pues leer u oír las Escrituras de manera correcta 'no es otra cosa que el que Cristo venga a nosotros, o que seamos llevados a él'".[17] Esta convicción sobre la Biblia se capta mejor con la metáfora de Lutero de que la Biblia es "los pañales y el pesebre en el que está Cristo acostado".[18] Así que cuando leemos un texto bíblico, debemos preguntar:

- ¿De qué maneras nos indica o nos lleva a Cristo este texto? O, ¿cómo nos prepara para Cristo este texto? ¿En qué se parece este texto a la paja en el pesebre donde está Cristo acostado?

Responder tales preguntas no es siempre fácil o evidente. Entender el evangelio de Cristo como el núcleo de la verdad de Dios nos da un principio sobre el que podemos sostenernos en justicia, siempre que entendamos que la cuna de Cristo contiene todo tipo de pajas. Debemos tener mucho cuidado de no aplicar este principio de una manera demasiado limitada. Lutero rara vez lo hacía. Tanto el Antiguo como el Nuevo Testamento proporcionan la estructura de esta cuna bíblica y su paja. Esto es, tanto el Antiguo como el Nuevo Testamento pueden mostrarnos a Cristo. Las exigencias de justicia y la condena del pecado pueden mostrar y muestran a Cristo. Los salmos del fiel Israel muestran a Cristo. El adecuado escepticismo de Eclesiastés muestra a Cristo. La buena nueva de la compasión, amor, perdón y misericordia de Dios en ambos Testamentos muestra a Cristo. Y los pasajes difíciles son un lecho con frecuencia necesario, aunque incómodo. Esta pregunta de qué muestra a Cristo podría, como las preguntas de ley y evangelio, suscitan en nosotros argumentos o relatos de cómo funcionan en nosotros los textos. Y podríamos notar que la lectura luterana y la lectura devocional empiezan a coincidir de cierta manera.

Las tres perspectivas luteranas finales conducen muy directamente a aconsejar cómo leer y estudiar la Biblia: dejar que las Escrituras interpreten a las Escrituras, basar la interpretación en el significado literal del texto y dejar que la interpretación fluya de significados que son públicos más que privados.

LAS ESCRITURAS INTERPRETAN A LAS ESCRITURAS

Como luteranos, no leemos los pasajes bíblicos aislados los unos de los otros. La totalidad de las Escrituras nos ayuda a entender lo particular y mantiene los pasajes bajo una perspectiva apropiada. Esto significa, por supuesto, que cuanto más oímos y estudiamos y conocemos la Biblia, mejor podemos encontrar tanto profundidad como claridad de significado. También significa que al tiempo que permitimos que cada pasaje hable con su propia voz, juzgamos lo secundario de acuerdo a lo más importante. No todos los pasajes de la Biblia tienen la misma importancia. Los luteranos llegan a la totalidad de las Escrituras con ciertas ideas bíblicas en un puesto de honor, incluidas la justificación por la gracia por medio de la fe y una teología de la cruz. Así que llegamos a cada pasaje con preguntas importantes que reflejan estas convicciones:

- ¿Pueden otros pasajes de la Biblia ayudarnos a entender o interpretar este pasaje?
- ¿Hay ideas importantes que nos parecen ocupar el centro de la Biblia y que nos ayudan a poner este pasaje en la perspectiva del todo?
- ¿Podríamos ver este pasaje como más o menos importante debido a nuestras convicciones sobre lo que Dios ha hecho en la vida, muerte y resurrección de Cristo?

EL SIGNIFICADO EVIDENTE DEL TEXTO

Lutero dijo "El lector cristiano debe convertir en su primera tarea el buscar el sentido literal, tal como lo llaman. Pues él sólo... se mantiene firme en las dificultades".[19] Por *sentido literal* Lutero quería decir el sentido evidente del texto. Mark Powell ha sugerido que esto significa, en primer y más importante lugar, lo que el texto habría significado para su público original. Como lectores modernos de la Biblia, llegamos al sentido evidente del texto por medio de las preguntas de las que se habla en las lecturas históricas y literarias. En verdad, la interpretación bíblica moderna nació, en cierta manera, con Lutero, cuando puso la Biblia en manos de todos y alentó el estudio con fundamento. Estos métodos nos mantienen anclados en la historia y en la retórica del propio texto. Podríamos preguntar si nuestra lectura está libre de invenciones artificiales como la alegoría. La pregunta global que hacemos es:

- ¿Cuál es el sentido evidente de este texto? ¿Le damos a las Escrituras, de todas las maneras que somos capaces, su propia integridad?

INTERPRETACIÓN PÚBLICA

Por último, para los luteranos, la interpretación de las Escrituras es un acto público más que privado. El significado de las Escrituras para las personas se debe encontrar buscando la aplicación de su mensaje universal a situaciones personales. No creemos que Dios nos diga mensajes privados por medio de la Biblia. Así que podríamos preguntar:

- ¿Es accesible a todos la interpretación que estamos recomendando? ¿Estamos deduciendo lecciones del texto que otros podrían también oír y que podemos explicar?

Uno de los aspectos delicados de entender lo que es públicamente accesible es que somos muy fácilmente influenciables por nuestra propia época y cultura. Aquí nos suele ayudar el escuchar las voces de las tradiciones del pasado y las voces de otras culturas que no son la nuestra. De esta manera, el significado de "público" se amplía, y nuestras comunidades de lectura se expanden más allá de los confines de nuestro grupo particular. Podríamos preguntar:

- ¿Hay interpretaciones del pasado que nos ayuden a ampliar nuestra lectura y le den profundidad? ¿Hay interpretaciones de culturas que no son la nuestra que podrían ampliar nuestra lectura o le den profundidad?

Cada aspecto de este enfoque luterano al estudio de la Biblia está diseñado para dar lugar a la voz de Dios que nos habla por medio de la Biblia, llamándonos para llevar vidas dignas, exponiendo nuestros pecados, ofreciéndonos la gracia de Dios y haciéndonos entrega de la promesa que es nuestra en Cristo.

Sugerencias finales sobre cómo estudiar la Biblia

En este capítulo hemos explorado cuatro formas superpuestas y entrelazadas en que podríamos abrir nosotros mismos la Biblia y empezar a leerla y estudiarla. A un cierto nivel, las cuestiones de qué métodos utilizar en el estudio e interpretación de las Escrituras se convierte en un debate estéril. La prueba crucial no es si se utilizan o no determinadas herramientas. La prueba crucial es si las herramientas se utilizan para promover una lectura sincera y honesta que libere el texto para hacer más profunda la fe y el entendimiento, para suscitar preguntas de fe, para inspirar obras de justicia y misericordia, para expresar la ley y el evangelio y para llevarnos hasta Cristo. Se nos justifica por la fe, ¡no por el método!

Lutero dijo: "Las Sagradas Escrituras requieren de un lector humilde que muestre reverencia y temor por la Palabra de Dios, y que constantemente diga: ¡Enséñame, enséñame, enséñame!' El Espíritu se resiste a los orgullosos".[20]

Así que traemos a nuestro estudio algunos valores que sirven de guía y de nexo que todo lo une.

Llegamos a la Biblia con humildad, pidiendo el don de fe y siempre atentos a nuestra propia capacidad para el pecado y el auto engaño.

Venimos de manera consciente, llevando a nuestro estudio los dones de la razón, las herramientas de la erudición y las perspectivas de los demás.

Venimos atentos, leyendo las escrituras con diligencia y atención.

Llegamos en el contexto de una comunidad fiel, permitiendo que nuestras historias interactúen con las historias de la Biblia.

Llegamos en oración, pidiendo que el Espíritu Santo guíe nuestro estudio y que Cristo esté entre nosotros.

Y llegamos con expectación, escuchando la voz de Dios que obra por medio del texto y en el estudio mutuo para inspirar, moldear y animarnos individualmente y como comunidad de fe.

Y así, con estos valores como nuestra guía, le invitamos una vez más a abrir las Escrituras e incorporarse a la conversación.

¿Cómo se puede estudiar la Biblia?

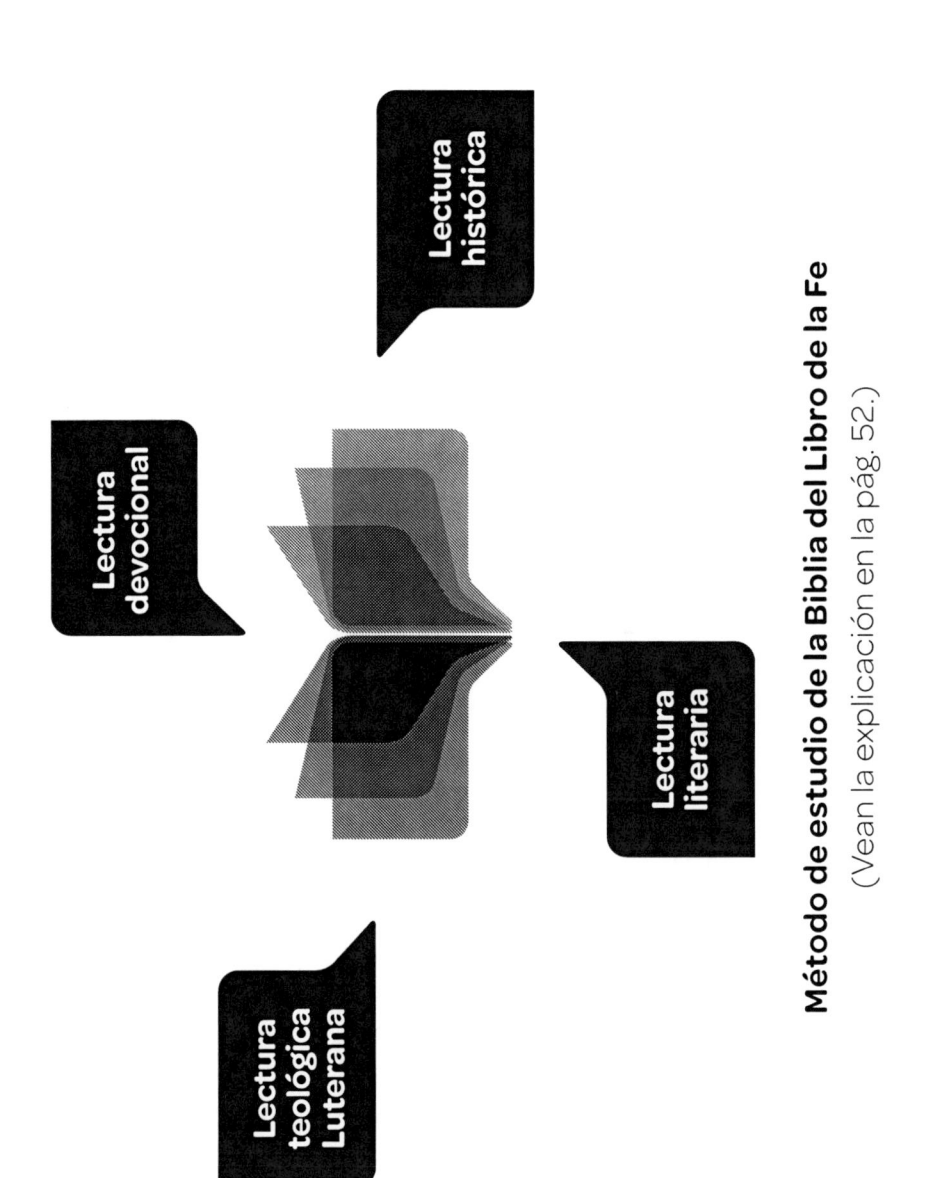

- Lectura histórica
- Lectura devocional
- Lectura literaria
- Lectura teológica Luterana

Método de estudio de la Biblia del Libro de la Fe
(Vean la explicación en la pág. 52.)

4. Cuatro estudios bíblicos

Una palabra sobre el método

Hay muchas formas de acercarse al estudio de la Biblia. Los siguientes estudios bíblicos se presentarán utilizando los cuatro métodos de estudio presentados en el capítulo 3 —devocional, literario, histórico y teológico luterano. Cualquiera de los cuatro métodos de estudio puede utilizarse como una forma de encontrarse con el texto de la Biblia, o se pueden utilizar todos ellos juntos para tener una experiencia más plena. Piense en los métodos como pilares. Al apoyarse en cada uno de ellos se obtiene otra perspectiva del texto. A pesar de que estos métodos no son nuevos, el énfasis específico en las perspectivas teológicas luteranas es deliberado. Se les anima a explorar cómo estas perspectivas y principios interpretativos pueden abrir la Biblia de una manera única y útil.

Aunque los estudios comparten un formato común, la forma en que están ordenados los métodos varía en cada estudio. Esto muestra la naturaleza flexible de estos métodos. Un texto bíblico puede prestarse a un método específico de manera más natural que a otro. Por ejemplo, entender un texto bíblico específico puede depender fuertemente de entender el contexto histórico, así que empezar con preguntas de naturaleza histórica puede resultar útil para abrir el significado del texto, no sólo para los oyentes originales, sino también para nosotros hoy.

Todos los métodos toman en serio el hecho de que los adultos son aprendices continuos que se acercan a un estudio bíblico con abundante experiencia y mucho que contribuir. Es más probable que participemos en estudios bíblicos que nos alienten a aprovechar nuestra reserva de experiencia y nos permitan aplicar inmediatamente los nuevos conocimientos y perspectivas a los contextos específicos en nuestras vidas.[1] Por ejemplo, un estudio bíblico que empieza con un método devocional puede proporcionar un enfoque útil e involucrarnos activamente en el proceso de aprendizaje desde el principio. Sin embargo, sin importar por dónde empezamos, cada método pretende involucrarnos en nuestra mente, emociones y espíritu mientras exploramos las preguntas y buscamos un entendimiento renovado de cómo Dios se muestra activo en nuestras vidas y en el mundo.

Cómo dirigir los estudios

Resultará útil para cada estudio que lo facilite uno o más lideres. El rol de un líder es importante e implica una preparación y planificación anticipadas. Por ejemplo, el líder debe leer las preguntas y, si es necesario, hacer algo de investigación previa, especialmente sobre las preguntas relacionadas con el contexto histórico. Pero estos estudios no imaginan que el líder es el experto en la sala. No se espera que el líder conozca o proporcione todas las respuestas. De hecho, el papel clave del líder es crear espacio para las preguntas y alentar un debate abierto. El líder encontrará formas de invitar a los adultos a compartir su conocimiento y experiencias. Estos estudios imaginan un entorno centrado en quienes aprenden y que proporcionará un entorno seguro para las preguntas, con el líder alentando el que los adultos se pregunten y se comprometan totalmente, para revisar viejas interpretaciones de la Palabra de Dios e imaginar nuevas interpretaciones.

Los siguientes estudios bíblicos se beneficiarán de la interacción en grupos pequeños. Hablar en grupos de dos, tres o cuatro personas puede proporcionar más oportunidades para que cada participante comparta sus pensamientos o dudas. Pruebe conversaciones en grupos pequeños seguidas por el informe de perspectivas y el hacer preguntas al grupo completo. Los estudios pretenden proporcionar una oportunidad para que se presente la Biblia a otros. Compartir nuestras conversaciones y nuestras dudas con otros nos ayudará a descubrir cómo puede estar hablando Dios y qué puede significar eso para nuestras vidas.

Cómo Abrir el Libro de la Fe

Estudio 1: Éxodo 3:1-15
Diane Jacobson

Empecemos por el texto bíblico (5-10 minutos)

Cada uno de los estudios bíblicos en este libro se comenzará leyendo o "escuchando" el texto bíblico. Quizás encuentre que le funciona bien hacer que el texto se lea en voz alta mientras otros escuchan y *no* seguir las palabras impresas. Para esta lectura de Éxodo 3, quizás quiera considerar tres lectores. La primera voz leería los versículos que no están entre comillas y la segunda y tercera voz pronunciarían las palabras entre comillas —una la voz de Dios (el Señor) y la otra la voz de Moisés. Siempre es apropiado empezar un estudio bíblico con oración. Este estudio bíblico se puede experimentar en su totalidad por un periodo de entre 50 y 90 minutos, dependiendo de la cantidad de tiempo que se dedique a cada sección. Deje algo de tiempo al final para resumir juntos sus experiencias.

Si el grupo desea empezar la sesión con un himno, "Sólo Tú Tienes Palabras" (*LLC* 400) es una buena opción.

Éxodo 3:1-15

¹Un día en que Moisés estaba cuidando el rebaño de Jetro, su suegro, que era sacerdote de Madián, llevó las ovejas hasta el otro extremo del desierto y llegó a Horeb, la montaña de Dios. ²Estando allí, el ángel del Señor se le apareció entre las llamas de una zarza ardiente. Moisés notó que la zarza estaba envuelta en llamas, pero que no se consumía. ³Así que pensó: "¡Qué increíble! Voy a ver por qué no se consume la zarza". ⁴Cuando el SEÑOR vio que Moisés se acercaba a mirar, lo llamó desde la zarza: "¡Moisés, Moisés!" "Aquí me tienes", respondió. ⁵"No te acerques más", le dijo Dios. "Quítate las sandalias, porque estás pisando tierra santa. ⁶Yo soy el Dios de tu padre. Soy el Dios de Abraham, de Isaac y de Jacob". Al oír esto, Moisés se cubrió el rostro, pues tuvo miedo de mirar a Dios.

⁷Pero el Señor siguió diciendo: "Ciertamente he visto la opresión que sufre mi pueblo en Egipto. Los he escuchado quejarse de sus

Estudio 1: Éxodo 3:1-15

capataces, y conozco bien sus penurias. [8]Así que he descendido para librarlos del poder de los egipcios y sacarlos de ese país, para llevarlos a una tierra buena y espaciosa, tierra donde abundan la leche y la miel. Me refiero al país de los cananeos, hititas, amorreos, ferezeos, heveos y jebuseos. [9]Han llegado a mis oídos los gritos desesperados de los israelitas, y he visto también cómo los oprimen los egipcios. [10]Así que disponte a partir. Voy a enviarte al faraón para que saques de Egipto a los israelitas, que son mi pueblo". [11]Pero Moisés le dijo a Dios: "¿Y quién soy yo para presentarme ante el faraón y sacar de Egipto a los israelitas?" [12]"Yo estaré contigo", le respondió Dios. "Y te voy a dar una señal de que soy yo quien te envía: cuando hayas sacado de Egipto a mi pueblo, todos ustedes me rendirán culto en esta montaña".

[13]Pero Moisés insistió: "Supongamos que me presento ante los israelitas y les digo: 'El Dios de sus antepasados me ha enviado a ustedes'. ¿Qué les respondo si me preguntan: '¿Y cómo se llama?'" [14]"YO SOY EL QUE SOY", respondió Dios a Moisés. "Y esto es lo que tienes que decirles a los israelitas: 'YO SOY me ha enviado a ustedes'". [15]Además, Dios le dijo a Moisés: "Diles esto a los israelitas: 'El SEÑOR, el Dios de sus antepasados, el Dios de Abraham, de Isaac y de Jacob, me ha enviado a ustedes': Éste es mi nombre eterno; éste es mi nombre por todas las generaciones".

Lectura histórica (10-15 minutos)

El Libro del Éxodo cuenta la historia de Dios que salva a Israel, el pueblo que Dios ha hecho suyo y con el que ha prometido estar. En Éxodo, Dios libera al pueblo de la esclavitud en Egipto por medio del liderazgo de Moisés (ayudado por su hermano Aarón y su hermana Miriam). Dios conduce al pueblo a través del mar hasta el Monte Sinaí donde Dios establece una alianza con Israel y les da los Diez Mandamientos y otras leyes. En esta alianza, se le pide a Israel que responda al don de Dios de salvarlos convirtiéndose en una nación dedicada a Dios, obedeciendo la voz de Dios y sirviendo al prójimo.

El encuentro de Moisés con Dios en la zarza ardiente se produce hacia el principio del libro del Éxodo. Por medio de este encuentro, Dios llama al líder que era necesario para la tarea de liberar al pueblo hebreo de la esclavitud. Esta historia es una de las primeras historias que muchos aprendemos de la Biblia. Nos imaginamos a Moisés en el desierto, ocupado en sus cosas, cuando de repente tiene ante sí esta visión dramática, Dios lo llama y conmociona su mundo.

Podría ser útil examinar el escenario de esta historia un poco, dando un vistazo al contexto histórico del relato. Empiecen por observar muchos de los nombres y lugares mencionados en el texto.

- ¿Quiénes son los cananeos, los hititas, los amorreos, los ferezeos, los heveos y los jebuseos?

La realidad es que no estamos exactamente seguros de quiénes son algunos de estos pueblos, y tienen poca importancia real para esta historia en particular. Sin embargo, si siente curiosidad, puede encontrar algo de contexto sobre estos pueblos consultando un diccionario bíblico.

- ¿Quiénes son los egipcios y los israelitas?
- ¿Dónde está Madián? ¿Dónde está Madián en relación con Egipto y Canaán?
- ¿Por qué vive Moisés en Madián?
- ¿A qué faraón se refiere esta historia?

Los eruditos especulan que el rey egipcio mencionado en Éxodo 2:23 es Seti I, el faraón que lo siguió. Y el descrito en 3:10, quizás sea Ramsés II, que gobernó de 1279 a 1212 a.C. Lo más probable es que él fuera el faraón en el momento del éxodo de los israelitas de Egipto. Sin embargo, observen que la propia Biblia no nos cuenta estos detalles porque está más interesada en Moisés y los israelitas, e incluso en la hija del faraón, que en los grandes gobernantes de la época.

Estudio 1: Éxodo 3:1-15

- ¿Por qué viven los israelitas como esclavos en Egipto?

Saber las respuestas a todas estas preguntas puede o no ayudarles a descubrir el significado de este texto, pero les puede resultar útil para conocer la situación histórica descrita. Los primeros lectores de esta historia habrían estado familiarizados con todos estos nombres y lugares, y habrían formado parte importante de su "historia". Dios actuó para salvar al pueblo israelita en eventos históricos y por medio de los mismos. Aunque no podemos saber siempre cuánto de cada historia son datos históricos precisos, sí sabemos que la historia de la acción salvífica de Dios en la Biblia incluye personas y lugares reales.

En ocasiones, se pueden conseguir respuestas a las preguntas históricas con sólo leer más de la historia. Una rápida revisión de Éxodo, capítulos 1 y 2, responderá algunas de las preguntas anteriores. Un buen conjunto de mapas bíblicos (encontrados en la parte posterior de muchas Bíblias) probablemente muestre ubicaciones mencionadas en la historia. Los comentarios bíblicos también proporcionan un contexto valioso, pero no olviden que los comentarios también pueden entrar en conflicto por detalles históricos al intentar los eruditos armar un contexto a partir de fuentes muy antiguas. Hacer preguntas históricas también puede llevarle a darse cuenta de otros detalles de la historia. Por ejemplo, ¿por qué Dios le pide a Moisés que se quite las sandalias en 3:5? ¿Qué tradiciones con respecto a los lugares sagrados o santos podrían estar influidas por este texto?

- ¿Qué otras preguntas tienen del medio ambiente o el contexto de la historia?

Lectura devocional (10-15 minutos)

Un lugar por donde empezar cuando se lee y se piensa en esta historia es calzar las sandalias de Moisés. Piensen en lo que debió haber sentido Moisés. Consideren preguntas como éstas:

- ¿Cómo se sentirían si oyeran hablar a Dios desde una zarza ardiendo?
- ¿Alguna vez han experimentado lo que podrían describir como un "llamado" de Dios?
- Si nunca han tenido una "experiencia" tan dramática, ¿Dios les ha llamado de todas maneras?
- ¿Qué parecía pensar Moisés de su capacidad de liderazgo?
- ¿Por qué podría llamarle Dios a usted? ¿Cuáles son sus capacidades de liderazgo?
- ¿Qué promete hacer Dios por los Israelitas (3:8)? ¿Cómo podría ser "esclavizado" o "esclavizada" usted? ¿Qué significaría ser libre?
- ¿Qué sentimientos tiene sobre lo que pide Dios y cómo responde Moisés?

Empleando uno o más métodos devocionales descritos en el capítulo 3, también podría leer el texto utilizando el método sueco de marcación, señalando con:

una velita por una idea nueva;
una velita doble por un versículo a memorizar;
una flecha por un versículo relacionado con una experiencia personal;
y un signo de interrogación cuando algo no está claro.

Después explique estas señales a alguien más.

Lectura literaria (10-20 minutos)

En los relatos previos al capítulo 3 en Éxodo, descubrimos muchas cosas acerca de Moisés —cómo nació en una familia hebrea y fue colocado en una cesta en el Río Nilo, donde fue descubierto y adoptado por una princesa egipcia. Aunque creció formando parte de la familia real egipcia, Moisés todavía se identificaba con su pueblo esclavizado. Asesinó a un cruel capataz egipcio y se convirtió en un exiliado, casándose con la hija de un sacerdote madianita.

Se aprenden muchas cosas de la historia en Éxodo 3 si se lee con atención, advirtiendo algunos de los detalles, advirtiendo algunas de las

Estudio 1: Éxodo 3:1-15

conexiones con otras historias y haciendo las preguntas literarias que se podrían hacer de cualquier narración bíblica.

- Por ejemplo, vean el versículo uno. El trabajo de Moisés es llevar el rebaño de su suegro al desierto en la montaña de Dios. ¿Qué tan similar es esto con lo que Dios le pedirá que haga más tarde en la historia?
- Ahora vean cómo se describe el Monte Horeb. Se llama "la montaña de Dios". Así que hay algo sobre el lugar a donde Moisés lleva el rebaño que es sagrado o santo. Una vez más, ¿cómo parece presagiar esta historia lo que Dios le pedirá que haga por el pueblo israelita?
- Como la montaña de esta historia se llama Horeb, muchos eruditos que hacen preguntas históricas aseguran que esta historia proviene de una tradición diferente de aquella en la que se le llama el Monte Sinaí. Pero una perspectiva muy interesante viene de examinar atentamente las palabras hebreas de este texto, que revelan lo íntimamente conectadas que están estas tradiciones. La palabra para "zarza" en hebreo es *sineh*, que suena muy parecido a *Sinaí*. El encuentro de Moisés con Dios en la zarza ardiente nos invita a pensar en el inminente encuentro de Israel con Dios en la montaña de la zarza ardiente (vean Éxodo 19:18). El llamado al líder va íntimamente unido al llamado al pueblo.
- Otro patrón literario que aparece aquí y en otros lugares en la Biblia nos lleva a etiquetar esta historia como una narración de un "llamado a ser profeta". Observen lo que sucede cuando Dios llama a Moisés por su nombre. ¿Cómo responde Moisés? (3:4). Dios entonces encarga esta tarea en particular a Moisés. Moisés ofrece una objeción a la que Dios responde con seguridad y una señal. Comparen esto con lo que sucede cuando Dios llama a Samuel (1 Samuel 3), Isaías (Isaías 6), Jeremías (Jeremías 1) o incluso a Ananías (Hechos 9). Cuando sabemos qué buscar cuando Dios llama a un profeta, notamos los detalles particulares de cada llamado. Cada llamado es individual y personal, de manera muy parecida al nuestro. Moisés y los demás expresan sus propios sentimientos de insuficiencia. Moisés se conduce, con todas sus fallas, al encuentro con Dios. La señal de Dios para Moisés está en el futuro, en

lugar de en el presente. Moisés acepta la tarea al depender enteramente de la promesa de Dios.
- ¿Cómo le ayuda a usted a reconocer su propia "narración de su llamado" (historia) el oír o leer sobre cómo Dios ha llamado a otros?
- Un tercer detalle literario del texto que vale la pena resaltar es la relación de ver con oír. Obseven cuántas veces aparecen estos verbos. Moisés *ve* la zarza ardiente para poder *oír* el llamado de Dios. La vista sirve al oído. Dios oye los gritos del pueblo para que Dios pueda actuar. El oído sirve a la acción. ¿Qué otros casos de ver y oír se dan en este texto? ¿Qué conclusión saca de estas observaciones?
- Un detalle literario final que vale la pena señalar es cómo se revela el nombre sagrado de Dios. Los nombres son importantes en la Biblia, especialmente el nombre de Dios. El nombre de Dios, *Yahveh*, podría traducirse por "yo soy quien soy", o quizás "yo seré aquél que seré". Queremos saber qué significa el nombre de Dios, pero quizás el significado no es tan importante como la realidad del nombre. Los Diez Mandamientos nos dicen: "No pronuncies el nombre del Señor tu Dios en vano". (Éxodo 20:7). Podríamos, entonces, preguntar: ¿Cómo podríamos hacer buen uso del nombre de Dios?
- ¿Por qué quiere Moisés saber el nombre de Dios? (3:13) ¿Por qué creen que el nombre de Dios se revela en este texto? ¿Cómo se relaciona esta revelación del nombre de Dios con lo que Dios intenta hacer por el pueblo de Israel?

Lectura teológica luterana (10-15 minutos)

Las preguntas teológicas se refieren a preguntas que nos ayudan a pensar en Dios y en nuestra relación con Él. También nos llaman a una relación con Dios. Éstos son algunos ejemplos:

- ¿Qué hace santo a un lugar? ¿Qué le sucede a Moisés, a nosotros, en un espacio sagrado?
- ¿Cómo reaccionó Moisés al llamado de Dios? ¿Cómo reaccionamos nosotros?

- ¿Cómo oímos el llamado de Dios, como exigencia o como promesa? ¿Como ley y como evangelio? Esto es, cuando oímos el llamado de Dios, ¿nos sentimos insuficientes? ¿Empoderados? ¿Temerosos? ¿Vigorizados? ¿Asustados? ¿Protegidos? ¿Qué exigencias y promesas oyen en este pasaje?
- ¿Cuál es la relación entre el llamado en el texto y la misión de Dios para el mundo?
- ¿Cómo nos muestra a Cristo este pasaje?
- ¿Cómo se une la vocación del líder con la vocación de todo el pueblo de Dios?

A continuación ofrecemos unas cuantas implicaciones de esta historia de la zarza ardiente que resultan de hacer las preguntas devocionales, históricas, literarias y teológicas luteranas.

Lo que hace que esta ocasión sea santa no es el estar de manera abstracta sobre tierra santa. La tierra santa proporciona un contexto y una señal. La tierra santa es una señal de la presencia de Dios, y proporciona un contexto para la palabra santa que se va a hablar. La tierra santa, el espacio sagrado, es donde uno hace una pausa para encontrar certeza —para dar gracias, para adorar, para aprender— pero es un lugar desde donde enviar, no a donde llegar. Desde la zarza ardiente, Moisés contempla el viaje: huir del faraón, cruzar el mar, llegar a la montaña y, por último, ser llevados a la Tierra Prometida.

- Piensen en cómo los luteranos definimos la Palabra de Dios de tres maneras (vean el capítulo 1) —como Jesús, la Palabra viva; como la Palabra escrita en las Escrituras, y como la Palabra hablada o proclamada. ¿Dónde oímos pronunciar las palabras santas? ¿Por qué son tan importantes tales actos de oír y hablar?
- ¿Cómo son "lugares para enviar" la adoración, el Bautismo o incluso el estudio bíblico, y no sencillamente, lugares a donde llegar? ¿Cómo está Dios presente en estos lugares?

El llamado a Moisés no le pertenece a éste. Está siendo llamado a la misión de Dios para el mundo. Dios ha visto el sufrimiento de Israel en la esclavitud e intenta hacer algo al respecto. El personaje de Dios como un Dios que contempla el sufrimiento y se siente impulsado a actuar, como alguien que cumple sus promesas y actúa para salvar, nos indica el acto máximo de Dios de la encarnación, muerte y resurrección en Cristo. Moisés no puede alterar el carácter de Dios ni la promesa de libertad de Dios, pero Moisés puede aceptar este llamado para convertirse en parte de la promesa de Dios en acción.

Ser santo y ser llamado no son cuestiones privadas. Ser hecho santo no es el equivalente de ser más "espiritual". La experiencia de Moisés en la zarza ardiente no es una limpieza espiritual privada. Ver lo milagroso crea espacio para oír el llamado. El oído lleva entonces a la acción. La palabra santa pronunciada en tierra santa es una palabra vocacional, que nos invita a aceptar nuestros diferentes llamados en el mundo de Dios y para el mundo de Dios. Este llamado vocacional tiene una naturaleza de relación, de invitación, y tiene un propósito y dirección hacia afuera. La palabra no era sólo para Moisés; era para Israel. Y no sólo para Israel, sino para el mundo.

El llamado de Dios es particular y personal. En el caso de la zarza ardiente, la palabra fue específica para el contexto de la esclavitud de Israel y de la narración del papel de Moisés dentro de ese contexto. La palabra no es una palabra abstracta e inmutable, dada para la eternidad. Esto es una buena nueva para nosotros. Esto significa que cada encuentro con lo divino es nuevo y personal, con su propia misión y contenido. No somos Moisés, pero nuestro llamado también está ineludiblemente unido a la misión de Dios en el mundo.

- ¿A qué misión está usted llamado? ¿A qué misión está llamada su congregación o institución? ¿Cómo puede suceder esto?

Por último, el llamado de Dios a Moisés está arraigado en la promesa de la presencia continua de Dios. Esta propuesta es dinámica, en lugar de estática; es particular, en lugar de abstracta. Dios promete estar presente con nosotros siempre, hasta el fin del mundo (vean Mateo 28:20). El encuentro del Éxodo entre Moisés y Dios se produce en forma de llamarada. Como la promesa de la presencia continua de Dios, esta llamarada está a nuestro alcance para siempre. Uno encuentra la llamarada cuando lee las Escrituras, cuando se reúne en una comunidad, cuando se esfuerza por encontrar su dirección vocacional. Pero tengan cuidado —el fuego puede quemar. Nuestros encuentros con Dios no siempre serán un consuelo o una invitación. Todos tenemos objeciones y sentimientos de insuficiencia o pecado. De hecho, así es como funciona la ley —para revelar nuestro pecado, para mostrarnos que no estamos completos sin Dios. El fuego quema y purifica. El encuentro con la divina presencia es probable que cambie nuestras vidas para siempre. Pero Dios estará presente con nosotros, alumbrando nuestro camino. Ésta es la promesa de Dios en el evangelio.

- ¿Cómo se parece la Palabra de Dios a una llamarada? ¿Cómo obra para quemar y purificar? ¿Cómo puede funcionar tanto de una manera positiva como de una manera negativa el "arrojar luz" sobre un tema?
- Mientras considera su propia "historia de su llamado", ¿qué promesa o buena nueva percibe en esta historia de Moisés y la zarza ardiente?

Antes de retirarse (5-10 minutos)

Independientemente del método de lectura o estudio bíblico que utilicemos, buscamos escuchar cómo habla Dios en el texto, y estamos atentos a oír cómo esta Palabra de Dios puede renovar, animar y fortalecer nuestra fe. Cada vez que leemos y estudiamos la Biblia, escuchamos el llamado de Dios en nuestras vidas. Mientras reflexionan sobre su experiencia de hoy con este texto y con estos cuatro métodos de estudio bíblico, quizás deseen dialogar acerca de una o más de las siguientes preguntas:

¿Cómo oyeron que Dios habla con mayor claridad en el texto?
¿Qué podría Dios estar pidiéndole a usted o a nosotros que hagamos?
¿Qué le gustó de este estudio?
¿Qué le sorprendió?
¿Cuáles son los beneficios de cada uno de los métodos de estudio?
¿Cómo modelará su congregación el Libro de la Fe?

Cómo Abrir el Libro de la Fe

Oración de clausura

Todopoderoso y eterno Dios, vuelve nuestros corazones hacia ti para que guíes nuestras mentes, a fin de satisfacer nuestra imaginación y ceñir nuestra voluntad a ti, para que seamos totalmente tuyos, fervientemente dedicados a ti; y luego úsanos, te suplicamos, para que se haga tu voluntad, de modo que siempre sea para la gloria y el bienestar de tu pueblo, por medio de nuestro Señor y Salvador, Jesucristo. Amén

—Adaptación al español del libro de adoración Evangelical Lutheran Worship (ELW, por sus siglas en inglés, página 86).

Estudio 2: Jeremías 1:4-19
Paul Lutz

Empecemos por el texto bíblico (5-10 minutos)

Una vez más, quizás desee que esta historia se lea en voz alta mientras los demás escuchan *sin* seguir las palabras impresas. Si es posible, lo ideal para esta lectura serían tres voces. La primera voz leería el versículo que no está entrecomillado y la segunda y tercera voz dirían las palabras entre comillas —una la voz de Dios (el Señor) y la otra la voz del profeta (Jeremías). Si va a utilizar el Método Devocional a continuación, quizás desee leer el paso uno a los participantes antes de la lectura del texto. Siempre es apropiado empezar un estudio bíblico con oración. Este estudio bíblico se puede experimentar en su totalidad por un periodo de entre 50 y 90 minutos, dependiendo de la cantidad de tiempo que se dedique a cada sección. Permita algo de tiempo al final para resumir juntos sus experiencias.

Jeremías 1:4-19

[4]La palabra del Señor vino a mí: [5]"Antes de formarte en el vientre, ya te había elegido; antes de que nacieras, ya te había apartado; te había nombrado profeta para las naciones". [6]Yo le respondí: "¡Ah, Señor mi Dios! ¡Soy muy joven, y no sé hablar!" [7]Pero el Señor me dijo: "No digas: 'Soy muy joven', porque vas a ir adondequiera que yo te envíe, y vas a decir todo lo que yo te ordene. [8]No le temas a nadie, que yo estoy contigo para librarte. Lo afirma el Señor". [9]Luego extendió el Señor la mano y, tocándome la boca, me dijo: "He puesto en tu boca mis palabras. [10]Mira, hoy te doy autoridad sobre naciones y reinos, para arrancar y derribar, para destruir y demoler, para construir y plantar".

[11]La palabra del Señor vino a mí, y me dijo: "¿Qué es lo que ves, Jeremías?" "Veo una rama de almendro", respondí. [12]"Has visto bien", dijo el Señor, "porque yo estoy alerta para que se cumpla mi palabra". [13]La palabra del Señor vino a mí por segunda vez, y me dijo: ¿Qué es lo que ves?" "Veo una olla que hierve y se derrama desde el norte", respondí.

¹⁴Entonces el Señor me dijo: "Desde el norte se derramará la calamidad sobre todos los habitantes del país. ¹⁵Yo estoy por convocar a todas las tribus de los reinos del norte", afirma el Señor. "Vendrán, y cada uno pondrá su trono a la entrada misma de Jerusalén; vendrán contra todos los muros que la rodean, y contra todas las ciudades de Judá. ¹⁶Yo dictaré sentencia contra mi pueblo, por toda su maldad, porque me han abandonado; han quemado incienso a otros dioses, y han adorado las obras de sus manos. ¹⁷Pero tú, ¡prepárate! Ve y diles todo lo que yo te ordene. No temas ante ellos, pues de lo contrario yo haré que sí les temas. ¹⁸Hoy te he puesto como ciudad fortificada, como columna de hierro y muro de bronce, contra todo el país, contra los reyes de Judá, contra sus autoridades y sus sacerdotes, y contra la gente del país. ¹⁹Pelearán contra ti, pero no te podrán vencer, porque yo estoy contigo para librarte", afirma el Señor.

Lectura devocional (10-20 minutos)

Después de escuchar o leer el texto de la Biblia, utilice los siguientes cuatro pasos[2] y responda las preguntas como mejor lo considere. No todos los participantes tienen que responder alguna o todas las preguntas. Todas las respuestas, sin embargo, deben ser recibidas por el grupo sin comentarios. Los grupos pequeños de cuatro o cinco personas proporcionan la mejor oportunidad para que todos participen en los debates.

Paso 1: Imaginen la escena. Presenten la historia.

¿Qué ven o notan en esta historia? ¿Qué huelen, tocan o sienten?

Paso 2: Encuéntrense en la escena. Reflexionen sobre las relaciones entre los personajes de la historia y su situación en la vida.

¿Cómo describirían la relación entre Jeremías y el Señor? Expliquen.

Paso 3: Conecten algún elemento de esta historia bíblica con sus propias experiencias vitales.

¿Cuál dirían que es la "buena nueva" en esta narración? ¿De qué manera es una buena nueva?

Paso 4: Actúen en base a sus perspectivas. Planeen una respuesta específica, no importa si es grande o pequeña. Dejen que las palabras se encarnen en sus propias vidas.

Si pudieran ponerle un nombre a esta historia, darle un título, ¿cuál sería? Expliquen.

Lectura literaria (10-20 minutos)

Un texto se puede entender enfocándose en el texto en sí, sus rasgos literarios, su experiencia, la *forma* de decir lo que quiere comunicar. La atención al texto en sí puede ser una clave para entender el significado del texto. Una guía literaria puede ser útil para encontrar en la Biblia nuevas y ricas perspectivas. El líder del estudio bíblico quizás quiera proporcionar a los participantes una muestra de varias guías literarias para su uso. Además, las Biblias utilizadas deben ser traducciones confiables y no una paráfrasis. También, las Biblias serán más útiles si están anotadas, esto es, si contienen notas que den información sobre versículos bíblicos relacionados, posibles traducciones de palabras o frases difíciles, y detalles útiles para entender el versículo que están estudiando.

Se les anima a responder las siguientes preguntas. Una vez más, no todo el mundo tiene que responder todas las preguntas, y no es necesario que los participantes estén de acuerdo en las respuestas. Seleccionen las preguntas que les resulten más interesantes.

1. *Identifiquen el tipo de escritura.*
- ¿Cuál es la forma literaria de esta historia?
- ¿Esta historia se debe entender de manera literal o figurativa? ¿Por qué lo creen?
- Si pudieran utilizar una frase para explicar lo que está sucediendo en este texto, ¿cuál sería?
- Comparen lo que está sucediendo en este texto de Jeremías con lo que le sucedió a Moisés en Éxodo 3:1-15 (vean el estudio 1, páginas 68-77). ¿En qué se parecen o se diferencian estas historias?

2. *Busquen el significado original. Estudien las palabras, símbolos e imágenes para entender lo que puede haber pretendido el escritor.*

- ¿Cómo creen que entendieron la historia los primeros que la oyeron? ¿Cómo podrían haber entendido las dos visiones simbólicas?
- ¿Qué les habría parecido el hecho de que en hebreo las palabras para *observar* y *árbol de almendro* suenen similares?

Lectura histórica (10-20 minutos)

Cuando se estudia la Biblia resulta útil no sólo considerar las palabras escritas sino también los contextos histórico y cultural del texto. Se puede entender que un texto refleja a su autor, a las circunstancias que está abordando el autor y al público del autor. Saber algo del autor de un texto bíblico y del contexto en el que fue escrito puede ser clave para entender el significado del texto. Por ejemplo, observen cuánta información histórica se da en los primeros tres versículos del libro de Jeremías. Jeremías es un profeta en el reino sur de Judá, y allí gobierna Josías, un rey relativamente bueno y fiel. Pero Jeremías también profetizó bajo el reinado de Joacim y Sedequías, dos gobernantes que no fueron grandes protectores de la fe. De hecho, Sedequías fue el último rey de Judá antes de que los ejércitos de Babilonia destruyeran Jerusalén y se llevaran a muchas de las gentes de Judá al cautiverio en Babilonia. Fueron tiempos difíciles para ser profeta y pronunciar las palabras de juicio de Dios.

Ser profeta de Dios a fines del siglo séptimo y principios del siglo sexto antes de Cristo obligó a Jeremías a decir la verdad de Dios en una época de enormes cambios históricos. Entre estos cambios se encontraba el reajuste de poder en los imperios adyacentes al pequeño reino de Judá, donde vivía Jeremías, así como las drásticas reformas dentro de todo el país. En estos versículos iniciales, oímos cómo el Señor ponía tres visiones ante Jeremías. La primera visión era una rama de almendro, del primero de los árboles que florece en primavera. Ésta era una señal de que el Señor estaba alerta para asegurarse que con la llegada de la primavera, también se cumpla la Palabra de Dios. La visión de la olla que hierve y se vierte desde el norte declara la inminente destrucción de Jerusalén y resume el mensaje divino que dominaría la predicación de Jeremías: el cercano juicio de Dios contra la maldad del pueblo de Judá que abandonaba a Dios al hacer sacrificios "a otros dioses".

(1:16). La última visión se refiere a la propia persona de Jeremías: Dios lo convertiría en "ciudad fortificada, columna de hierro y muro de bronce, contra todo el país" (vs. 18), aunque el pueblo de Judá pelee contra él, pues el Señor promete solemnemente que "pelearán contra ti, pero no te podrán vencer, porque yo estoy contigo para librarte" (vs. 19).

Los lectores tienen a su disposición muchos tipos diferentes de herramientas de estudio para ayudarles a involucrarse en el mundo histórico de la Biblia. Algunas de estas herramientas son diccionarios bíblicos, atlas bíblicos, comentarios bíblicos y concordancias bíblicas. El líder del estudio bíblico quizás desee proporcionar a los participantes muestras de estas herramientas para su uso.

El enfoque histórico implica los siguientes pasos de estudio. Se les anima a responder las siguientes preguntas. Una vez más, no todo el mundo tiene que responder todas las preguntas y no es necesario que los participantes estén de acuerdo en las respuestas.

Describan la situación histórica. Utilicen un diccionario bíblico o un comentario bíblico para conseguir pistas. Seleccionen las preguntas que les resulten más interesantes a los participantes. En el texto bíblico observen:

¿Quién está hablando? ¿Quién es el público?

¿Cuál es la situación para el escritor? ¿Cuál es la ocasión?

¿Cuál es la intención del pasaje?

¿Qué situación histórica está detrás del pasaje? Por ejemplo, ¿cuáles son las tribus de los reinos del norte?

¿Cómo definirían la autoridad y alcance del llamado de Jeremías?

¿Cómo influye en nuestra interpretación de estos versículos de Jeremías el saber algo de la situación histórica?

Lectura teológica luterana (10-20 minutos)

Éstas son tres perspectivas luteranas con respecto a los métodos de interpretación bíblica.

Estudiamos la Biblia escuchando la ley y el evangelio. Mientras estudiamos ciertos pasajes, quizás oigamos el juicio de Dios para el mundo y para nosotros. Esto se llama la ley. Experimentamos la ley cuando se nos enfrenta a nuestro pecado. Mientras estudiamos otros pasajes, quizás oigamos el amor de Dios, su gracia y promesas para el mundo y para nosotros. Esto se llama el evangelio. Experimentamos el evangelio cuando nos sentimos abrumados por la gracia de Dios.

Estudiamos la Biblia con la Biblia. El mejor recurso para el estudio bíblico es la Biblia. Una vista panorámica de la historia bíblica puede proporcionar equilibrio para los pasajes, historias y temas difíciles. Ignorar la historia bíblica en su totalidad es correr el riesgo de tomar pasajes fuera de contexto y reducir la Biblia a una colección de leyes morales o a un libro santo de reglas. Se deben utilizar las Escrituras para interpretar las Escrituras.

Estudiamos la Biblia a la luz de la justificación por la gracia. Somos salvados por la gracia de Dios por medio de la fe en Jesús, no por cómo sentimos, o por tener la experiencia adecuada o por lo que logramos. Por causa de Cristo, somos todos aceptados en la comunidad del pueblo de Dios. El mensaje central de la Biblia es sencillo aunque grandioso. Dios nos ama, nos perdona y nos convierte en la iglesia.

Con estas perspectivas en mente, exploren algunas de las siguientes preguntas, o todas ellas:

¿Cómo ayudan estas perspectivas luteranas en la interpretación de este pasaje?

¿Qué similitudes pueden enumerar entre el llamado, apoyo y envío de Jeremías por parte de Dios, y el llamado, apoyo y envío del que es usted objeto por parte de Dios?

Este texto es la primera lectura para el cuarto domingo de la Epifanía (año C). La lectura del evangelio es Lucas 4:21-30. Lean este pasaje. ¿Cómo influye esto en su lectura e interpretación del texto de Jeremías?

¿Qué parte de este texto parece ser "ley", la palabra de juicio de Dios? ¿Dónde ven el "evangelio", el mensaje de promesa de Dios?

Comparen este texto con textos similares. ¿Cómo se compara la narrativa del llamado en Jeremías con otros llamados proféticos, como en Éxodo 3:1-4:17; Isaías 6:1-13; Ezequiel 2:1-3:15 o Gálatas 1:15-16? ¿Cuáles son algunas de las similitudes, diferencias? Si el llamado de Jeremías es similar a otras narrativas de llamados, ¿qué sugiere eso sobre cómo podríamos entender el texto?

Estudio 2: Jeremías 1:4-19

¿Entonces qué? ¿Qué importancia tiene que Dios hablara y actuara en esa situación con Jeremías? ¿Qué tiene que ver con usted (nosotros) o qué le dice (nos dice) hoy?

¿Qué otras perspectivas luteranas podrían sugerir que se apliquen para una mejor interpretación de este texto?

Antes de retirarse (5-10 minutos)

Independientemente del método de lectura o estudio bíblico que utilicemos, buscamos escuchar cómo habla Dios en el texto, y estamos atentos a oír cómo esta Palabra de Dios puede renovar, animar y dar fuerza a nuestra fe. Como Jeremías, cada vez que leemos y estudiamos la Biblia, escuchamos el llamado de Dios en nuestras vidas. Mientras reflexionan sobre su experiencia hoy con este texto y con estos cuatro métodos de estudio bíblico, compartan con los demás:

¿Cómo escucharon a Dios hablar con mayor claridad en el texto?

¿Qué podría Dios estar pidiéndole a usted o a nosotros que hagamos?

¿Qué le gustó de este estudio?

¿Qué le sorprendió?

¿Dónde o cómo imaginan que se pueden utilizar estos métodos en su congregación? ¿Qué harán para conseguir que eso suceda?

¿Cómo alentará su congregación a que los miembros de todas las edades se comprometan con la Biblia?

Oración de clausura

¡Bendito Señor Dios!, Tú has dispuesto que las Sagradas Escrituras sean escritas para el fortalecimiento de tu pueblo. Concédenos que podamos escuchar, leer, marcar, aprender, asimilar e internalizar tu Palabra para que alentados por sus promesas, podamos abrazar y por siempre aferrarnos a la esperanza de la vida eterna, que nos has dado en Jesucristo, nuestro Salvador y Señor. Amén.

—*Adaptación al español del libro de adoración Evangelical Lutheran Worship (ELW, por sus siglas en inglés, página 72).*

Cómo Abrir el Libro de la Fe

Estudio 3: Juan 8:31-36
Kathryn Kleinhans

Empecemos por el texto bíblico (5-10 minutos)

Juan 8:31-36 es el texto del Evangelio reservado para el Domingo de Reforma. En consonancia con el espíritu de la Reforma, las oraciones de apertura y cierre se seleccionan de entre los escritos de Martín Lutero. También podrían considerar leer o cantar uno de estos himnos antes de comenzar con el estudio: "Sólo Tú Tienes Palabras", *LLC* 400, o "Sostennos Firmes", *LLC* 399.

Oración de apertura

> Dios eterno y Padre de nuestro Señor Jesucristo, concédenos que el Espíritu Santo discierna la Palabra predicada en nuestros corazones para que la recibamos y la testifiquemos; a fin de que nos aliente y consuele eternamente.
>
> Que tu Palabra sea glorificada en nuestros corazones y hazla que resplandezca para que cálidamente encontremos placer en ella; a fin de que por medio de tu Espíritu Santo hagamos lo que sea de tu agrado y por medio de tu poder seamos cumplidores de la Palabra, en nombre de Jesucristo, tu Hijo, nuestro Señor. Amén.
>
> —De Martín Lutero, *Luther's Prayers*, ed. Herbert F. Brokering, adaptación al español (Minneapolis: Augsburg, 1967), 65-66.

Juan 8:31-36

> [31]Jesús se dirigió entonces a los judíos que habían creído en él, y les dijo: "Si se mantienen fieles a mis enseñanzas, serán realmente mis discípulos; [32]y conocerán la verdad, y la verdad los hará libres". [33]"Nosotros somos descendientes de Abraham", le contestaron, "y nunca hemos sido esclavos de nadie. ¿Cómo puedes decir que seremos liberados?" [34]"Ciertamente les aseguro que todo el que peca es esclavo

del pecado", respondió Jesús. ³⁵"Ahora bien, el esclavo no se queda para siempre en la familia; pero el hijo sí se queda en ella para siempre. ³⁶Así que si el Hijo los libera, serán ustedes verdaderamente libres".

Lectura histórica (10-20 minutos)

El Evangelio de Juan es el último de los cuatro Evangelios canónicos en escribirse. Lo más probable es que se escribiera en la década de los 90, puesto que refleja tensiones crecientes (y, al final, una separación) entre los judíos cristianos y el resto de la comunidad judía tras la destrucción del templo de Jerusalén por parte de los romanos en 70 d.C.

Los estudiosos del Nuevo Testamento creen que el Evangelio de Juan, las tres cartas de Juan y el Apocalipsis no fueron escritos por el discípulo amado en sí, sino por miembros de una "comunidad joanea" de cristianos, quizás fundada por el discípulo amado, ubicada en el Asia Menor cerca de Éfeso. El testimonio de Jesús en el Evangelio está influido por el contexto de esta comunidad cristiana específica de fines del siglo primero. Además de las tensiones con la comunidad judía, el Evangelio refleja las preocupaciones internas sobre la autoridad y el liderazgo dentro de la comunidad joanea con la muerte de la generación de quienes conocieron de primera mano a Jesús y sus discípulos.

Prestar atención a las diferencias entre el contexto histórico del escritor del Evangelio y nuestro propio contexto histórico nos ayudará tanto a entender el texto por lo que es como a aplicarlo a nuestras vidas en la actualidad.

En este texto, los judíos dicen que "nunca hemos sido esclavos de nadie". Sin embargo, ¡los israelitas sí fueron esclavos en Egipto antes del Éxodo! Más tarde, en el siglo sexto a.C., muchos de los judíos fueron capturados y deportados a Babilonia. En la propia época de Jesús, Palestina llevaba un siglo bajo dominio romano.

- ¿Por qué creen que dicen que nunca han sufrido esclavitud? ¿Han olvidado su historia? ¿Se encuentran en un estado de negativa? ¿Quieren decir que han conservado su libertad espiritual a pesar de la esclavitud física y política?

- ¿Qué importancia tiene, si es que la tiene, para la manera en la que ustedes entienden esta conversación con Jesús?

El Evangelio de Juan refleja las tensiones, en el siglo primero, entre judíos cristianos (judíos que aceptaron a Jesús como el Mesías de Dios) y la comunidad judía en conjunto. Pasajes como el de Juan 9:13-22; 12:42, y 16:1-4 expresan la preocupación de que se expulse de las sinagogas a los judíos cristianos. Éste es un ejemplo de cómo la situación de la posterior comunidad joanea se proyecta en la narrativa del ministerio terrenal de Jesús en el Evangelio.

Juan 7-8 muestra a Jesús enseñando en el templo de Jerusalén. En este pasaje, Jesús formula la pregunta de si "continuarían" o no con su palabra los judíos que habían llegado a creer en él. ¿Qué factores podrían haberles impedido continuar con la palabra de Jesús? ¿Cuáles son los retos de hoy, para nosotros, que nos impedirían continuar con la palabra?

Existe una larga historia de antisemitismo cristiano, en el que los cristianos culpaban —y perseguían— al pueblo judío por "asesinos de Cristo". Algunos grupos cristianos, incluyendo a la IELA, han pedido perdón por esta historia. ¿Cómo podría moldear nuestra sensibilidad ante esta injusticia la forma en que leemos hoy este texto?

Quienes vivimos en Norteamérica disfrutamos de libertades políticas inherentes a la democracia. A pesar de ello, ¿qué esclavitudes podría Jesús retarnos a reconocer en nosotros mismos? Si su grupo de estudio bíblico incluye a descendientes de esclavos o a cristianos de países en África, Asia, Latinoamérica o Europa Oriental, donde las luchas por la democracia son más recientes (e incluso aún no han concluido), invíteles a compartir sus perspectivas sobre este texto.

Lectura teológica luterana (10-20 minutos)

Resulta interesante observar que el Evangelio de Juan era el Evangelio favorito de Martín Lutero por su fuerte enfoque en Cristo.

- ¿Por qué creen que Juan 8:31-36 es el texto del Evangelio designado para el Domingo de Reforma?

En la Confesión de Fe de la IELA, reconocemos "la Palabra de Dios" en tres formas: Jesucristo como la Palabra encarnada, la proclamación del mensaje de ley y evangelio de Dios como la palabra predicada, y las Escrituras canónicas inspiradas como la palabra escrita. ¿Cómo moldea esta interpretación triple de la Palabra de Dios su interpretación de lo que Jesús quiere decir cuando habla de continuar en su palabra?

Martín Lutero y la posterior teología luterana distinguen entre dos formas que tenemos de experimentar la Palabra de Dios: La Ley, que funciona como una orden, diciéndonos qué hacer; y el Evangelio, que funciona como una promesa, ofreciéndonos lo que Dios en Cristo ya ha hecho por nosotros. Los escritos confesionales luteranos insisten en que "la ley siempre nos acusa". Sólo el Evangelio nos incorpora a una relación con Dios —por la gracia, por medio de la fe.

La profesión médica nos proporciona un modelo útil para entender la relación entre ley y evangelio: diagnóstico y pronóstico. Podemos acercarnos fructíferamente a cualquier pasaje de las Escrituras haciendo dos preguntas:

- ¿Cuál es el diagnóstico de la condición humana —y de la iglesia— a la vista de este texto?
- ¿Cuál es el pronóstico para la condición humana —y para la iglesia— a la vista de este texto?

La situación humana es compleja. De igual manera que el médico necesita ver más allá de los síntomas presentes para descubrir la causa de raíz de la enfermedad, el lector de las Escrituras necesita explorar los problemas en la superficie del texto para alcanzar el problema "de magnitud divina". ¿Cómo presenta un texto en particular la condición humana no sólo como una enfermedad desagradable sino como una enfermedad terminal que sólo se puede remediar con la muerte salvadora de Cristo? ¿Y cómo nos muestra el texto un futuro alternativo para quienes están en Cristo, no sólo como resurrección a una nueva vida después de la muerte sino también como resurrección a una nueva vida que dé frutos en el aquí y el ahora?

En Juan 8:31-36, Jesús diagnostica el problema humano como esclavitud, no sólo esclavitud física y política sino esclavitud en relación al propio pecado. Teniendo en cuenta este diagnóstico, ¿cuál es el pronóstico? Cuando el Hijo nos hace libres y nos da un lugar en el hogar, ¿qué les parece eso, en concreto, a los cristianos y las comunidades cristianas en la actualidad?

El texto también presenta el problema de la falta de fe: *¿Continuarán* en su palabra quienes inicialmente creían en Jesús? ¿O escaparán de la familia de la fe (¡o incluso serán expulsados de la misma!)? Cuando el diagnóstico es falta de fe, ¿cuál es el pronóstico? ¿Qué aspecto tiene la fe, y cómo da frutos para aquellos que son adoptados en la familia de Cristo?

La vocación, el llamado cristiano a servir al prójimo en nombre de Cristo, es otro tema central luterano. En Juan 8:31-36, Jesús habla explícitamente de libertad de la esclavitud del pecado. ¿De qué sugiere el estudio de este texto que podríamos ser liberados?

Lectura literaria (10-20 minutos)

Desde el mismo inicio y hasta el final, la forma en que está escrito el Evangelio de Juan difiere de los otros tres Evangelios. Notar estas diferencias, y la forma específica en que expresan el significado de Cristo, revela mucho sobre el propósito único de este Evangelio en particular, que se resume en Juan 20:30-31. A continuación les ofrecemos otras maneras de explorar el mensaje único de Juan:

Si pueden, reserven un periodo de tiempo sin interrupciones para leer completamente el Evangelio de Juan. Mientras leen, presten especial atención a las ocasiones en que aparecen "palabra" y "verdad", que son importantes motivos literarios en el Evangelio de Juan. ¿Se repiten otras palabras, imágenes o temas que llamen su atención en el Evangelio de Juan?

Lean Juan 1:1-18 y Juan 14:1-7. En lugar de una narración del nacimiento, el Evangelio de Juan empieza con un pasaje poético donde se describe cómo la Palabra de Dios "se hizo hombre y habitó entre nosotros, lleno de gracia y de verdad". En Juan 14:6, Jesús se identifica como "el camino, la verdad y la vida". ¿Cómo podrían estos dos pasajes hacer más profunda su interpretación de las palabras de Jesús en Juan 8:31-32?

Lean Juan 14:15-21; 15:26-27, y 16:12-15. Juan 14:1-16:33 se llama el Discurso de Despedida de Jesús, pronunciado en su última cena con sus discípulos. En los versículos seleccionados, Jesús describe el papel del "Espíritu de verdad" que él les enviará. ¿Cuál es la relación entre Jesús, que es la verdad (Juan 14:6) y "el Espíritu de verdad"? ¿Pensar en el Espíritu Santo como "el Espíritu de verdad" agrega una nueva perspectiva a su interpretación de Juan 8:31-36?

En un tribunal, los testigos juran decir "la verdad, toda la verdad y nada más que la verdad". Lean Juan 18:37-38. ¿Cómo moldea su interpretación de la "verdad" en el Evangelio de Juan su propia interpretación de sí mismo como alguien llamado a dar testimonio de Jesucristo? ¿Cómo responderían a las personas que se encuentran hoy y que preguntan: "¿qué es la verdad?" Pasajes como Juan 19:35; 20:30-31, y 21:24-25 destacan al evangelista como un testigo confiable de Jesús, para que otros puedan llegar a creer en él. ¿Qué necesitaría hacer su congregación para ser reconocida por quienes no forman parte de ella como testigo confiable de Jesús?

Por lo general, pensamos en la verdad como un objeto, gramaticalmente hablando. Averiguamos la verdad. Decimos la verdad. Pero en Juan 8:32, la verdad también funciona como el sujeto del verbo: "la verdad los hará libres". ¿Cómo puede hacernos libres la verdad? ¿Hay una diferencia entre el versículo 32 ("la verdad los hará libres") y el versículo 36 ("el Hijo los libera")?

Lectura devocional (10-20 minutos)

Inviten a alguien en el grupo a que lea Juan 8:31-36 en voz alta. ¿Mientras escuchan, presten atención a las palabras que sobresalgan en el texto o a las imágenes que surjan. Con una o dos personas, hable de sus impresiones.

¿Qué fue significativo para usted, y por qué? ¿Oír el texto, en lugar de leerlo, les dio alguna perspectiva nueva?

Jesús utiliza una metáfora familiar ("se queda para siempre en la familia") para contraponer la libertad cristiana con ser esclavos del pecado. Inviten a alguien en el grupo a que lea el texto en voz alta por segunda vez. Mientras escuchan, tengan en mente sus experiencias de familia. Oren en silencio por los miembros de su familia y por otros que estén cerca de ustedes. Luego oren en silencio, o pidan a un miembro del grupo que comparta una oración por "la familia de la fe" (tanto su congregación local como la iglesia más amplia).

En Génesis, Abraham es bendecido para que él y su familia sean una bendición para el mundo. Si ser descendientes de Abraham significa ser una bendición para los demás, ¿de qué maneras somos *nosotros* tal bendición en la actualidad?

Inviten a alguien en el grupo a que lea Juan 8:31-36 en voz alta por tercera vez. Mientras escuchan, ¿pueden pensar en una cosa específica que podrían hacer como respuesta a su nueva interpretación de este pasaje?

Antes de retirarse (5-10 minutos)

Permitan un momento para reflexionar sobre los momentos que pasaron juntos respondiendo a una o más de las siguientes preguntas:

- ¿Cómo escucharon a Dios hablar con mayor claridad en el texto?
- ¿Qué podría Dios estar pidiéndole a usted o a nosotros que hagamos?
- ¿Qué le gustó de este estudio?
- ¿Qué le sorprendió?
- ¿Cómo animará a los miembros de todas las edades en su congregación a que se comprometan con la Biblia?

Estudio 3: Juan 8:31-36

Oración de clausura

Oh Padre misericordioso, gracias por iniciar tu obra en nosotros. Continúa preservándonos con todas las dimensiones de tu sabiduría y conocimiento para que nuestro corazón esté totalmente firme y consciente de cómo el Espíritu resucitó a nuestro Señor de entre los muertos. Asimismo, vivifica nuestra fe y vida espiritual con el mismo poder y fortaleza; a fin de que por medio de Él también nosotros seamos resucitados de entre los muertos por su gran poder, que obra en nosotros por medio de tu santa Palabra.
Ayúdanos a creer fervientemente en tu querido Hijo,
   nuestro Señor Jesucristo, para que permanezcamos firmes en la confesión de su bendita Palabra.
Concédenos tu gracia para que seamos uno en un mismo pensamiento y así ser siervos los unos a los otros;
  en Cristo.
Amén.

—De Martín Lutero, Luther's Prayers, ed. Herbert F. Brokering, adaptación al español (Minneapolis: Augsburg, 1967), 66.

Estudio 4: Romanos 7:15-25a
R. Guy Erwin

Empecemos por el texto bíblico (5-10 minutos)

Este dramático texto de Romanos 7 (que aparece en el Leccionario 14 del Año A) es un pasaje de transición, de alguna manera misterioso, tomado del discurso de Pablo sobre las implicaciones de la muerte y resurrección de Cristo hacia la mitad de su carta a los romanos. Muchos eruditos han intentado interpretar este pasaje, pero ninguno lo ha conseguido de manera definitiva —siempre ha quedado algo de incertidumbre sobre lo que Pablo estaba intentando decir aquí exactamente— y ahora ustedes, lectores, tienen la oportunidad de lidiar también con el pasaje. Todas las formas que les han sido sugeridas previamente en este libro como buenas vías para acercarse a los textos bíblicos aplican muy bien a este pasaje específico, y cuando las usen, quizás les lleven a algunos lugares inesperados y hagan surgir algunas dudas nuevas que no anticipaban. Lean el texto en su totalidad una vez. Hagan una pausa y reflexionen sobre las partes que resultan difíciles de entender. Luego vuelvan a leerlo. Ya sea que estén estudiando a solas este texto o como parte de un grupo, asegúrense de dejar tiempo para reflexionar sobre cada sección, y de tener tener la oportunidad de hacer alguna reflexión general al final.

Romanos 7:15-25a

[15]No entiendo lo que me pasa, pues no hago lo que quiero, sino lo que aborrezco. [16]Ahora bien, si hago lo que no quiero, estoy de acuerdo en que la ley es buena; [17]pero, en ese caso, ya no soy yo quien lo lleva a cabo sino el pecado que habita en mí. [18]Yo sé que en mí, es decir, en mi naturaleza pecaminosa, nada bueno habita. Aunque deseo hacer lo bueno, no soy capaz de hacerlo. [19]De hecho, no hago el bien que quiero, sino el mal que no quiero. [20]Y si hago lo que no quiero, ya no soy yo quien lo hace sino el pecado que habita en mí.

Estudio 4: Romanos 7:15-25a

²¹Así que descubro esta ley: que cuando quiero hacer el bien, me acompaña el mal. ²²Porque en lo íntimo de mi ser me deleito en la ley de Dios; ²³pero me doy cuenta de que en los miembros de mi cuerpo hay otra ley, que es la ley del pecado. Esta ley lucha contra la ley de mi mente, y me tiene cautivo. ²⁴¡Soy un pobre miserable! ¿Quién me librará de este cuerpo mortal? ²⁵¡Gracias a Dios por medio de Jesucristo nuestro Señor!

Lectura histórica (10-20 minutos)

En primer lugar, hagamos la pregunta básica con la que siempre empezamos cuando nos acercamos a un texto bíblico: ¿Sobre qué está escribiendo Pablo? Para esto, necesitamos el contexto más amplio de los versículos que aparecen antes y después de esta sección. Si regresáramos al capítulo anterior (capítulo 6), encontraríamos que Pablo empezó con un debate general sobre lo que significa "vivir en Cristo" por medio de la gracia de Dios. Luego, al final del capítulo 6 y entrando en el capítulo 7, Pablo aborda la pregunta que más ocupa su mente: si la salvación nos llega por la gracia por medio de la fe, ¿cómo debemos considerar ahora la ley de Dios? ¿Qué significa ser un creyente? Ésta era una pregunta especialmente importante para aquellos cuya interpretación total del significado y fidelidad religiosa provenía de la obediencia a las leyes divinas. ¿Cómo tenían, de repente, que reinterpretar lo que significaba ser creyente, cuando la principal manera de ser uno era seguir la ley?

Sin embargo, la cuestión es incluso más amplia, y todavía relevante para nosotros casi dos milenios más tarde: ¿Cómo se relaciona nuestra salvación por la misericordia y la gracia de Dios con nuestra lucha por llevar vidas buenas y morales? ¿Cómo están conectadas estas cosas? Éste es el contexto dentro del cual encaja nuestra selección de texto.

En los versículos del 1 al 14 en el capítulo 7, Pablo explica que la ley que regula las vidas de los humanos es pertinente sólo para sus cuerpos, así que vivir en Cristo (que Pablo llama haber "muerto a la ley" por medio de Cristo) es vivir libres de la ley. ¿Pero, a qué se refiere Pablo aquí por "ley"? Hace una distinción entre vivir "en nuestro cuerpo" —con lo cual se refiere a vivir de una manera gobernada por nuestros sentimientos y deseos— y vivir "con el nuevo poder que nos da el Espíritu". El propósito que sirve la ley es despertar en una persona el sentido de pecaminosidad. Tal como lo ve Pablo, los humanos siempre se resistirán a la ley y, por lo tanto, la ley provocará rebelión en ellos. El resultado es que donde hay conocimiento de la ley hay conocimiento del pecado, que Pablo entiende como el principio del entendimiento por parte de una persona de la necesidad de la gracia y misericordia de Dios. La ley es buena porque "revela la rebeldía humana". Y es buena porque conociendo el pecado de uno lleva entonces a depender de Dios. Hasta ahora, todo bien (o no bien, como sea el caso).

Ahora bien, en el versículo 15, Pablo cambia un poco la marcha, y habla de sí mismo como ejemplo vivo de esta verdad complicada y paradójica sobre la humanidad. Una y otra vez en esta sección, Pablo utiliza el pronombre "yo", algo que no ha hecho antes con respecto al pecado y la gracia —antes siempre era "nosotros" y "nos"— pero ahora se pone personal, tanto para Pablo como para su público. Quiere que quienes lo leen y escuchan sepan que entiende esta verdad sobre el pecado y la ley no como algo teórico o abstracto, sino como algo que está ahí mismo, en su propio corazón, mente y vida. Pero, ¿qué tiene que ver con nosotros y nuestra experiencia?

Pablo está escribiendo a un grupo lejano de creyentes para ayudarlos a entender lo que significa creer en Jesús, y qué implicaciones tiene eso para su vida religiosa. Ya sean judíos o gentiles, gran parte de lo que han entendido hasta ahora sobre las expectativas de Dios para ellos ha girado alrededor de dos cosas: la adoración correcta y el comportamiento moral. ¿Cómo podría desafiarlas este texto?

Mientras piensan de esta manera en este texto, háganse estas preguntas:

- ¿Qué tipo de mensaje está enviando Pablo en este texto?
- ¿Está enseñando, predicando, corrigiendo o consolando? ¿O algo más?
- ¿Quién es el público de Pablo?
- ¿Qué quiere él que piensen?

- ¿Creen ustedes que les suenan las palabras igual a ustedes que como les sonaron a los romanos del siglo primero?
- ¿Cómo podrían estas palabras haber sonado a los cristianos que crecieron en la fe judía y su observancia de la ley como respuesta fiel a Dios?

Lectura literaria (10-20 minutos)

Esto nos lleva a nuestra segunda pregunta básica: ¿Hay algo significativo en la forma o estilo particular de este segmento del texto? En este caso tiene que haberlo —miren como ha cambiado Pablo de manera tan drástica a la primera persona del singular: "Yo", insiste, "soy yo quien lo hace". ¿Es ésta sólo su vívida descripción de su experiencia personal? Probablemente no. Puede muy bien pensar que el "yo" del escritor le hablará directamente al corazón del "yo" que es el lector —de hecho, usted.

- Cuando Pablo escribe "yo", ¿también se pueden identificar con lo que está diciendo? ¿Es posible que incluso puedan decir lo mismo sobre sus propias experiencias?

Para algunos de nosotros, puede resultar reafirmante que Pablo admita su confusión. Si incluso San Pablo puede estar confundido, quizás esté bien que yo también me sienta confundido a veces. Eso parece ser lo que Pablo quiere que pensemos —que la experiencia que describe es una experiencia que entenderemos y con la que nos podremos identificar, porque, de hecho, probablemente la compartamos.

- ¿Qué les parece la brecha que existe entre lo que quieren y lo que creen que deben querer? ¿Clasifican lo que "quieren" en categorías de "bueno" y "malo"? ¿Sienten aquí una tensión? ¿Cómo afecta esta tensión a la forma en que se sienten con respecto a Dios?
- ¿No es para ustedes tanto un caso de querer cosas que creen que no deben querer, como una brecha entre lo que quieren y lo que pueden tener? ¿Sus deseos siempre superan ampliamente sus capacidades u oportunidades? Existe también ahí una tensión —la brecha entre lo

que "es" y lo que "desearían que fuera". ¿Cómo se siente esta tensión? ¿Cómo les hace sentir con respecto a Dios?

Ambas son situaciones de frustración, deseo y culpabilidad, ya sea que deseen lo que creen o saben que está mal, o sencillamente que quieran más de lo que razonablemente pueden tener o necesitar. Tal deseo, como lo entiende Pablo, aparta al corazón de Dios y lo hace rebelde y desafiante. Y el caso que mejor conoce es el suyo propio.

Pablo describe una situación que no es como debería ser: "Hago esto, pero debería hacer eso". "Pero" es la palabra clave aquí —las cosas no son como deberían ser. Lo que Pablo hace es contrario a sus deseos en cierto grado, pero lo hace de todas maneras. Hay tensión en esto: algo es lo que no debe ser. ¿Cómo se puede solucionar esta tensión? Está claro que Pablo se siente incómodo con ello.

Mientras piensan de esta manera en este texto, háganse estas preguntas:

- ¿Cuál es el "perfil" de este pasaje?
- ¿Está completo en sí mismo, o parece fragmentario?
- ¿A quién se dirige? ¿Quién está hablando y a quién se está hablando?
- ¿Qué palabras se repiten una y otra vez?
- ¿Qué patrones son visibles en la elección de lenguaje de Pablo?
- ¿Conduce el texto a un final específico? Si es así, ¿cuál es la conclusión o clímax de esta sección de la carta de Pablo?

Lectura teológica luterana (10-20 minutos)

Muchos luteranos, cuando oyen la palabra "ley" en un texto como éste, (especialmente uno que expresa cierta tensión con la ley que se describe, como sucede aquí) piensan de inmediato en "ley y evangelio", uno de los principales lentes con los que miramos las Escrituras. ¿Aplica aquí ese concepto? ¿Es la tensión en este pasaje entre "ley" y "gracia" o entre "ley" y "pecado"?

Cuando los luteranos hablamos de "ley", no nos referimos a las leyes o normas y reglamentos —o al menos no sólo a esas cosas. Tampoco nos referimos sólo a la Ley de Dios como la Biblia la comunica en las leyes religiosas del pueblo de Israel, consagradas en el Torá —esas leyes que empiezan por los Diez Mandamientos y descienden hasta las muchas leyes específicas sobre los alimentos, la adoración y el comportamiento, que dieron estructura a las vidas de las personas y les dieron un sentido de conexión con Dios.

Lo que los luteranos queremos decir con "ley" en este sentido teológico más amplio es diferente, y mucho menos literal: significa que todas las cosas dentro y fuera de nosotros que tienden a apartarnos de un sentido de la misericordia y amor que siente Dios por nosotros, y en cambio nos dirigen hacia el temor y la desesperación y la falta de esperanza. En este pasaje es esta interpretación más abstracta de ley lo que Pablo identifica con "la carne" —su existencia corporal y la forma en que su cuerpo gobierna incluso su mente.

Pablo no es un simple dualista aquí, oponiendo el cuerpo por una parte a la mente por la otra, sino que es alguien que entiende que en la vida humana las dos partes están siempre íntimamente conectadas. Vivimos en ambas y con ambas al mismo tiempo, incluso cuando en ocasiones están enfrentadas entre sí: en nuestro "yo más profundo" nos deleitamos en la ley de Dios, y al mismo tiempo vemos "en nuestros miembros" una esclavitud con la ley del pecado. Para Pablo, el lenguaje de "carne" y "espíritu" son metáforas para lo que nos aleja de Dios y lo que nos acerca a Dios, ya sea físico, emocional o mental. No es nuestra corporeidad en sí, sino en nuestra rebeldía espiritual donde radica el problema.

Hay otra poderosa idea luterana revelada también en esto: la condición del creyente como persona atrapada entre la justicia y el pecado, al mismo tiempo justo (por medio de la gracia de Dios) y pecador (en las limitaciones del deseo y el egoísmo humanos). Lutero llamó a esto ser un "santo y un pecador al mismo tiempo", y creía que explicaba muchas cosas de la naturaleza humana y de la complejidad de las reacciones humanas incluso ante Dios. Pablo parece estar hablando aquí de prácticamente lo mismo, de una sensación de estar suspendidos entre Dios y el pecado. No es un lugar cómodo en donde estar, atrapados en medio de impulsos opuestos, pero Pablo argumenta que no tenemos elección —que nuestras voluntades no son lo suficientemente fuertes para liberarnos de las limitaciones humanas, aunque lo seguimos intentando, incluso al tiempo que sabemos que nuestra salvación viene de Dios y no de nuestros propios esfuerzos o logros.

Quizás esto es lo que Pablo quiere decir cuando habla de su miseria y de su esclavitud en un "cuerpo mortal": que vista desde una perspectiva exclusivamente humana, la vida es frustrante, corta e inútil —pero vista a la luz de Cristo y vivida en la gracia de Dios, incluso la lucha para vivir una vida generosa adquiere significado y ya no es un esfuerzo inútil, condenado por sí mismo a la derrota, sino que en realidad puede significar algo que vale la pena.

Mientras piensan de esta manera en este texto, háganse estas preguntas:

- ¿Tiene sentido este texto a la luz de estos principios luteranos de "ley y evangelio" y "salvo aunque pecador"? Si es así, ¿de qué manera?
- ¿Refleja esto lo que entienden que es el principal mensaje de las Escrituras?
- ¿Cómo contribuyen las categorías descritas (ley/evangelio; santo/pecador) a darle sentido a sus vidas y a su experiencia como humanos?
- Estas categorías, ¿cómo abren este texto a nuevas interpretaciones?

Lectura devocional (10-20 minutos)

"¿Quién me rescatará?" Pablo pregunta, y se responde a sí mismo sencillamente con una declaración: "¡Gracias sean dadas a Dios por medio de Jesucristo nuestro Señor!" Con esto, Pablo regresa al tema con el que empezó esta sección de Romanos: que es en la muerte y resurrección de Jesús que los cristianos mueren al pecado y reciben la promesa de vida eterna.

Este texto es complejo y tiene muchos matices, y se contradice un poco en algunos lugares —es difícil de desentrañar. Y muchos lo han discutido y debatido antes que nosotros y lo volverán a hacer. Pero también nos habla en el aquí y ahora y, en su intensidad y realismo sobre la fragilidad humana, tiene algo que decir a cada creyente.

¿Cómo influye en ustedes? ¿Es el lenguaje de frustración de Pablo con respecto a sus propios deseos opuestos algo con lo que se puedan identificar? Pablo no nos deja (al menos en este pasaje) con mucho en cuanto a instrucciones sobre cómo aplicar estas ideas a nosotros mismos de una forma útil y productiva.

Pero también aquí hay un mensaje devocional. Podríamos describirlo como una mirada dura aunque penetrante al orgullo y disposición humanos, equilibrada con un fuerte sentimiento del poder de Dios para superar incluso la resistencia humana por medio del evangelio de Jesucristo. En ciertas maneras, éste es un texto muy apropiado para la reflexión encaminada a la penitencia o la autocrítica, puesto que se centra exhaustivamente en las dudas sobre uno mismo y en el sentido de estar atrapados en rebelión contra Dios. Pero termina con una nota de liberación, y sale de una carta cuyo mensaje global es de perdón y gracia. Hay esperanza más allá de las dudas sobre uno mismo —esperanza en Aquél cuyo poder es incluso mayor que el de la eterna creencia humana de que somos el centro de todo. Y por eso: "¡Gracias sean dadas a Dios por medio de Jesucristo nuestro Señor!"

Mientras piensan de esta manera en este texto, háganse estas preguntas:

- ¿Están ustedes, como Pablo, atrapados en una lucha consigo mismos por hacer lo que está bien?
- ¿Alguna vez han sentido frustración por su incapacidad para controlar sus pensamientos y sentimientos?
- ¿Cómo lidian ustedes con las contradicciones que encuentran dentro de su propio corazón?
- Mientras leen este texto, ¿qué oraciones de arrepentimiento o agradecimiento les vienen a la mente?
- ¿Es acaso "quién me rescatará" también una de sus preguntas? Si es así, ¿cuál es su respuesta?
- ¿Cómo les hace sentir este texto sobre el amor de Dios por ustedes?

Cómo Abrir el Libro de la Fe

Antes de retirarse (5-10 minutos)

Permitan un momento para pensar o hablar sobre cómo les ha hecho sentir este texto. ¿Han adquirido una mejor comprensión de lo que quiere decir Pablo en este pasaje al hablar de comunicación? ¿Les habla a ustedes en el lugar que les ha tocado vivir? ¿Cómo les ha hecho pensar en sí mismos como hijos de Dios y herederos de Cristo? ¿Han crecido con este estudio? ¿Cómo expresarían a alguien más lo que han aprendido?

Oración de clausura

> Oh Dios, eres generoso, y en gran medida debes ser alabado. Nos has creado a tu imagen y nuestros corazones están inquietos hasta que no descansemos en ti. Concédenos que podamos creer en ti, clamar sólo tu nombre y servirte sólo a ti, por medio de tu Hijo, Jesucristo, nuestro Salvador y Señor. Amén.
> —*Adaptación al español del libro de adoración Evangelical Lutheran Worship (ELW, por sus siglas en inglés, página 41).*

Notas finales

1. El Poderoso Libro de Dios

1. Henry Offermann, citado en Erik Heen, "The Bible among Lutherans in America: The ELCA as a Test Case," *Dialog: A Journal of Theology* 45 ["La Biblia entre los luteranos en América: La IELA como caso de prueba", *Diálogos: Revista de Teología* 45] (Primavera 2006): 9. Heen cita favorablemente esta declaración de la década de 1930 de su predecesor en el departamento del Nuevo Testamento en el Seminario Teológico Luterano en Filadelfia. Heen concluye su artículo afirmando para un nuevo siglo el imperativo urgente de "declarar *de nueva cuenta*" nuestra perspectiva luterana cristocéntrica sobre la Biblia, op. cit., 19.

2. Wolfhart Pannenberg, *Systematic Theology* [*Teología Sistemática*], vol. 2, traducción al inglés Geoffrey Bromiley (Grand Rapids, Michigan: Eerdmans, 1994), 463.

3. De *Constituciones, Reglamentos y Resoluciones Concurrentes de la Iglesia Evangélica Luterana en América*®, 19.

4. Toda buena literatura hace esto en cierta medida, como dice W. H. Auden en su poema "Words:" "A sentence uttered makes a world appear. . . ." ["Palabras:" "Una frase lanzada hace aparecer un mundo. . . ."]

5. Darrell Jodock, *The Church's Bible: Its Contemporary Authority* [*La Biblia de la Iglesia: Su Autoridad Contemporánea*] (Minneapolis: Augsburg Fortress, 1989), 143.

6. Karlfried Froehlich, en Terrence E. Fretheim y Karlfried Froehlich, *The Bible as Word of God in a Postmodern Age* [*La Biblia como Palabra de Dios en una Era Posmoderna*] (Minneapolis: Fortress Press, 1998), 45.

7. "Confesión de Fe", *La Constitución de la Iglesia Evangélica Luterana en América*, 2.03. Esta disposición de la IELA se basa en añejas convicciones luteranas declaradas en la década de 1570 en los párrafos iniciales de la Fórmula de Concordia, una de las declaraciones básicas de fe de los luteranos:

> Creemos, enseñamos y confesamos que la única regla y principio rector de acuerdo con el cual se deben evaluar y juzgar todas las enseñanzas y maestros son únicamente las escrituras proféticas y apostólicas del Antiguo y el Nuevo Testamento, como está escrito: "Tu palabra es una lámpara a mis pies; es una luz en mi sendero" (Salmos 119[:105]), y San Pablo: "Pero incluso si... alguno de nosotros o un ángel del cielo les predicara un evangelio distinto del que les hemos predicado,... ¡que caiga bajo maldición!" (Gálatas 1[:8]).

(Robert Kolb, y Timothy J. Wengert, eds., *El Libro de Concordia: Las Confesiones de la Iglesia Evangélica Luterana* [Minneapolis: Augsburg Fortress, 2000], 486.)

    8. *El Uso de los Medios de Gracia: Declaración sobre la Práctica de la Palabra y el Sacramento* (Iglesia Evangélica Luterana en América, 1997), 12. Adoptada como guía y práctica por la Quinta Asamblea Nacional de la Iglesia Evangélica Luterana en América, 19 de agosto, 1997.

    9. "Holy Baptism" ["Santo Bautismo"], *Evangelical Lutheran Worship* (Minneapolis: Augsburg Fortress, 2006), 228.

    10. "Affirmation of Baptism," ["Afirmación del Bautismo"], *Evangelical Lutheran Worship*, 236.

    11. Karlfried Froehlich, *The Bible as Word of God in a Postmodern Age* [*La Biblia como Palabra de Dios en una Era Posmoderna*], 132.

    12. Kathryn A. Kleinhans, "The Word Made Words: A Lutheran Perspective on the Authority and Use of the Scriptures," *Word & World: Theology for Christian Ministry* 26/4 ["La Palabra Hizo Palabras: Perspectiva Luterana sobre la Autoridad y Uso de las Escrituras", *La Palabra y el Mundo: Teología para el Ministerio Cristiano* 26/4] (Otoño 2006): 409.

    13. Para lecturas ulteriores sobre la autoridad de la Biblia para los luteranos, hay muchas colecciones recientes de ensayos, entre ellas *Word & World* 26/4 [*La Palabra y el Mundo* 26/4] (Otoño de 2006); *Dialog: A Journal of Theology* 45 [*Diálogo: Revista de Teología* 45] (Primavera de 2006); David C. Ratke, ed., *Hearing the Word: Lutheran Hermeneutics, A Vision of Life Under the Gospel* [*Oír la Palabra: Hermenéutica Luterana, Una Visión de la Vida de Acuerdo al Evangelio*] (Minneapolis: Lutheran University Press, 2006), que publica

presentaciones de la convocatoria de 2005 de la Asociación de Teólogos de la Enseñanza (IELA); y Reinhard Boettcher, ed., *Witnessing to God's Faithfulness: Issues of Biblical Authority* [*Testimonio de la Fidelidad de Dios: Temas de Autoridad Bíblica*] (La Federación Luterana Mundial, 2006), que registra una conversación global.

14. La Iniciativa del Libro de la Fe en la IELA fue desarrollada en respuesta a una propuesta del Sínodo de Carolina del Norte y aprobada por la Asamblea Nacional de 2007. Para saber más del tema y formar parte de esta iniciativa, visiten www.elca.org/bookoffaith.

3. ¿Cómo se puede estudiar la Biblia?

1. El método de enfoque llamado "histórico" en este libro también es conocido, especialmente en estudios académicos, como el enfoque histórico-crítico. Lo "crítico" no se refiere a criticar sino, más bien, a diferentes disciplinas de estudio como la crítica textual y la crítica formal. En estas disciplinas técnicas, se estudian los textos antiguos para observar diferencias y desarrollar teorías sobre cómo se formaron los textos. En nuestros estudios, la atención se centrará principalmente en el contexto histórico y las personas, lugares, sucesos y objetos que forman parte del registro bíblico y del mundo de la Biblia.

2. El enfoque de la lectura literaria también incluye la categoría relacionada del estudio retórico del texto.

3. Estos cuatro métodos servirán como metodología subyacente de un estudio bíblico para adultos que estará disponible en la primavera de 2009. Los eventos de capacitación se realizarán en una variedad de sitios, en lugares recomendados por la IELA.

4. Muchas personas han escrito sobre *Lectio Divina*. Vean, especialmente, a Fr. Luke Dysinger, O.S.B., *Accepting The Embrace of God: The Ancient Art of Lectio Divina* [*Aceptación del Abrazo de Dios: el Antiguo Arte de la Lectio Divina*], 1990 (www.valyermo.com/ld-art.html) y Lisa Dahill, *Truly Present* [*Verdaderamente Presente*], Minneapolis: Augsburg Fortress, 2005), 67-72.

5. Ibid.

6. El método T.R.I.P. es abordado en la publicación anual *Daily Texts: Bible Verses and Prayers for Each Day of the Year* [*Textos Diarios: Versículos de la Biblia y Oraciones para Cada Día del Año*] (Alexandria, Minn.: Ministerios del Monte Carmelo). Vean www.dailytext.com.

7. Mark Allan Powell, *How Lutherans Interpret the Bible* [*Cómo Interpretan la Biblia los Luteranos*], serie en DVD (Columbus, OH: Select Multimedia Resources, 2006).

8. Vean Lois Leffler, *Bible Study Methods: Lutheran Church Women* [*Métodos de Estudio de la Biblia: Mujeres de la Iglesia Luterana*], parte de un reporte del Desarrollo Luterano para Mujeres, preparado por la Iglesia Evangélica Mekene Yesus en Etiopía y la Federación Luterana Mundial, 1973, y *15 Maneras de Estudiar la Biblia* (División de Servicios Parroquiales, Iglesia Luterana en América, 1982).

9. Dysinger, op cit.

10. Martín Lutero, "Preface to the Wittenberg Edition of Luther's German Writings," ["Prólogo a la Edición de Wittenberg de los Escritos de Lutero en Alemán"], (1539), 92, 93. Para un debate de este prólogo, vean Ron W. Duty, "Moral Deliberation in a Public Lutheran Church," *Dialog* 45:4 ["Deliberación Moral en una Iglesia Luterana Pública", *Diálogos* 45:4] (2006), 349-351, y Robert A. Kelly, "Oratio, Meditatio, Tenatio Faciunt Theologum: Luther's Piety and the Formation of Theologians", *Consensus* 19:1 ["Oratio, Meditatio, Tenatio Faciunt Theologum: La Piedad de Lutero y la Formación de Teólogos", *Consenso* 19:1] (1993), 9-27.

11. Martín Lutero, 92.

12. Ibid.

13. Ibid.

14. La Casa Editorial Augsburg Fortress pondrá a nuestra disposición una Biblia Luterana de Estudio en el 2009. También se recomiendan en inglés la Biblia de Estudio de la "New Revised Standard Version" de Harper (Grand Rapids, Mich.: Zondervan, 1991) y la New Oxford Annotated Bible [Nueva Biblia Anotada de Oxford] (Nueva York: Oxford University Press, 2007). Algunas versiones en español pueden ser La Versión Popular Dios Habla Hoy, La Biblia Internacional y la Reina Valera.

15. Vean nota 3 a pie de página.

16. Vean concordancias como John R. Kohlenberger III, ed., *Concise Concordance to the New Revised Standard Version* [*Concordancia Concisa con la Versión en inglés New Revised Standard Version*] (Nueva York: Oxford University Press, 1995). En español pueden ver la Nueva Concordancia Strong Exaustiva, por James Strong, publicada por Editorial Caribe, 2002.

17. Kathryn A. Kleinhans, "The Word Made Words: A Lutheran Perspective on the Authority and Use of the Scriptures," *Word & World: Theology for Christian Ministry* 26/4 ["La Palabra Hizo Palabras: Perspectiva Luterana sobre la Autoridad y Uso de las Escrituras", *La Palabra y el Mundo: Teología para el Ministerio Cristiano* 26/4] (Otoño 2006): 407, y Martín Lutero, "A Brief Instruction on What to Look for and Expect in the Gospels," *Luther's Works*, vol. 35: *Word and Sacrament I* ["Una Breve Instrucción sobre lo que Buscar y Esperar en los Evangelios", *Obras de Lutero*, vol. 35: *Palabra y Sacramento I*] (Filadelfia: Fortress Press, 1960), 119, 121.

18. Martín Lutero, "Preface to the Old Testament," *Luther's Works* ["Prólogo al Antiguo Testamento", *Obras de Lutero*] 35:236.

19. *Luther's Works*, vol. 9: *Lectures on Deuteronomy* [*Obras de Lutero*, vol. 9: *Conferencias sobre Deuteronomio*] (St. Louis: Concordia, 1960), 24.

20. *Luther's Works*, vol. 54: *Table Talk* [*Obras de Lutero*, vol. 54: *Conversaciones de Sobremesa*] (Filadelfia: Fortress Press, 1967), 378.

Estudios bíblicos

1. Para mayor información sobre la educación para adultos, vean Malcolm S. Knowles, *The Adult Learner: The Definitive Classic in Adult Education and Human Resource Development* [*El Aprendiz Adulto: Un Clásico Definitivo en la Educación de Adultos y el Desarrollo de Recursos Humanos*] 5a ed. (Houston, Tex.: Gulf, 1998).

2. Ésta es una versión modificada de un método utilizado por Nancy Boyle y otros. Para mayor información sobre el Método Relacional de Estudio Bíblico, pónganse en contacto con Faith At Work, 106 East Broad Street #B, Falls Church, VA 22046-4501 o visiten www.faithatwork.com.

Herramientas para la evaluación del Libro de la Fe

Esta sección final del libro proporciona dos diferentes herramientas de evaluación —una para que las personas las utilicen individualmente al evaluar el uso de la Biblia, las necesidades y esperanzas; y la segunda diseñada específicamente para fomentar la conversación en grupo con respecto a las prácticas y necesidades de la comunidad de fe.

Como utilizar "¿Por dónde puedo empezar?": Evaluación individual

Esta evaluación se puede utilizar de diferentes maneras con el fin de adquirir información de parte de las personas sobre el uso de la Biblia, sus necesidades y esperanzas. Tienen permiso para fotocopiar la herramienta de evaluación para que las personas la completen a mano. Los participantes también puede completar esta encuesta individualmente en internet visitando el sitio en la Red del Libro de la Fe (www.elca.org/bookoffaith).

Los grupos de personas pueden completar esta evaluación en cooperación y al mismo tiempo. Asegúrense de incluir a personas de todas las edades, a quienes asisten a la adoración y/o estudio bíblico con regularidad y a quienes no lo hacen. Quizás desee incluir a personas de fuera de esta comunidad de fe. Considere utilizar la evaluación en una entrevista conversacional en persona o por teléfono o enviada a las personas en la comunidad de fe por correo ordinario o correo electrónico. También, si tienen un sitio en internet de la iglesia, incluyan la encuesta ahí y animen a las personas a completarla en línea. Los resultados de la evaluación, que puede ser anónima, pueden ser revisados por un grupo de estudio en su comunidad de fe, como el consejo congregacional, un grupo de trabajo sobre la educación, o un grupo de "El Libro de la Fe" con el fin de descubrir necesidades y elaborar planes en consonancia.

Cómo utilizar "¿Por dónde puedo empezar?": Evaluación en grupo/herramienta para la conversación

Los resultados de este recurso de evaluación pueden utilizarse para guiar la conversación en la comunidad de fe sobre las prácticas del pasado y el presente, así como sobre las necesidades actuales. Puede ayudar a la comunidad de fe a imaginar un compromiso más sustancial con la Biblia en el futuro. Nuestro principal lugar de encuentro con las Escrituras es la adoración comunitaria, y aunque eso amerita una conversación continua, no será el centro de esta evaluación. Debido a que este recurso de evaluación se puede utilizar en una variedad de contextos, entre ellos las congregaciones, las escuelas, los ministerios universitarios, los campamentos, etc, el término "comunidad de fe" se utiliza para referirse a cualquiera de estos contextos. Las respuestas tienen como objetivo principal las perspectivas, sabiduría y crecimiento de esta comunidad de fe. Al final se proporciona una oportunidad para compartir perspectivas más allá de esta comunidad de fe.

Utilice este recurso de evaluación en conexión con la Evaluación Individual (p. 106) con el fin de obtener una vista panorámica de toda la comunidad de fe. Debatan las respuestas individuales y utilicen este recurso de evaluación de la "conversación en grupo" en grupos pequeños, comités o reuniones del consejo congregacional. Asegúrense de incluir a personas de todas las edades o de trasfondos diferentes, a personas nuevas en la comunidad y aquellas que llevan aquí muchos años, a personas profundamente involucradas en las actividades y aquellas que se mantienen en los márgenes. ¡Acérquense a los demás! Este recurso de evaluación está diseñado para usarse en cualquier y todo grupo de la comunidad de fe. Se puede utilizar todo de una sola vez o a lo largo de una serie de sesiones, una o dos secciones a la vez. Tómense su tiempo para escucharse los unos a los otros, para recordar y afirmar, para cuestionar y conversar, y para percibir nuevas posibilidades.

También tienen permiso para fotocopiar esta herramienta de evaluación para que las personas individualmente o en grupo la completen a mano. Y esta encuesta también está disponible en línea visitando el sitio en internet del Libro de la Fe (www.elca.org/bookoffaith).

¿Por dónde puedo empezar?
Evaluación individual

Parte 1: Empezamos recordando

1. ¿Qué recuerdos tiene usted de leer o no leer la Biblia? (Marque todo lo que aplique.)
   - ❏ Recuerdo a mi madre o padre cuando leía la Biblia.
   - ❏ Experimenté a uno de mis padres o abuelos que me leía la Biblia o la leía conmigo.
   - ❏ Había una Biblia en casa, pero no recuerdo que nadie la leyera.
   - ❏ Escuchaba la Biblia en la escuela dominical y/o en la escuela bíblica de verano.
   - ❏ Empecé a leerla por mi cuenta cuando recibí una Biblia propia.
   - ❏ Tengo recuerdos negativos de la Biblia.
   - ❏ Me encontré con el estudio de las Escrituras o el estudio bíblico en el ministerio universitario o en los cursos de religión en la universidad.
   - ❏ He tenido pocas o nulas oportunidades de estudiar la Biblia.
   - ❏ Aprendí acerca de la Biblia al escuchar los sermones en la adoración.
   - ❏ Estudié la Biblia en el ministerio juvenil de confirmación o en las clases para adultos.
   - ❏ Recuerdo pensar en la Biblia como libro de la fe.
   - ❏ Otros recuerdos: _____

2. *¿Cómo* recuerda usted estudiar la Biblia? (Marque todo lo que aplique)
   - ❏ Recuerdo al maestro *leyendo* un relato de la Biblia mientras nosotros *escuchábamos*.
   - ❏ Recuerdo a pastores y pastoras y/o maestros y maestras dar *charlas* sobre la Biblia.
   - ❏ Recuerdo a pastores y pastoras y/o maestros y maestras dirigiendo *debates* sobre la Biblia.
   - ❏ Tuve encuentros *inútiles* o *poco saludables* con las Escrituras.
   - ❏ No tengo *ningún recuerdo* de haber estudiado la Biblia en una comunidad de fe.
   - ❏ Recuerdo completar *cuadernos de ejercicios*.
   - ❏ Yo *memoricé* versículos de la Biblia.
   - ❏ Recuerdo *haber cantado* versículos bíblicos en cánticos e himnos.
   - ❏ Recuerdo haber hecho *lecturas dramáticas* y *haber representado* historias de la Biblia.
   - ❏ Recuerdo *haber visto* historias bíblicas en televisión y/o *por internet*.

❏ Recuerdo *haber estudiado* la Biblia cuando empecé a dar clases en la escuela dominical.
❏ Recuerdo: _____
_____
_____
_____

3. ¿Qué recuerdos tiene usted de alguien que le enseñara o predicara la Biblia de una manera efectiva? _____
_____
_____
_____
_____

4. Anote dos o tres perspectivas básicas, si las hay, que le inculcaran de la Biblia? _____
_____
_____
_____
_____

5. ¿Qué palabras describen sus experiencias pasadas a la hora de estudiar la Biblia?
_____
_____
_____
_____

Parte 2 : ¿Dónde estoy ahora?

1. ¿Tiene una Biblia propia? _____ ¿Más de una? _____
¿Qué versión(es) tiene? (Marque todas las que apliquen.)
❏ Versión Popular Dios Habla Hoy
❏ Nueva Versión Internacional (NIV)
❏ La Biblia de Jerusalén
❏ La Biblia Latinoamericana
❏ Versión Electrónica
❏ La Biblia de las Américas
❏ Reina-Valera 1960
❏ Reina-Valera 1995
❏ Reina Valera Antigua
❏ Otras versiones

2. ¿Qué alegrías y preocupaciones tiene usted *con respecto a* la Biblia? (Marque todas las que apliquen).
❏ Me intimida el estudio bíblico.
❏ Me encanta leer la Biblia y ella me fortalece.
❏ Creo que la Biblia tiene hoy poca importancia para mi vida.
❏ Creo que la Biblia es sobre todo una guía para mi vida moral.
❏ Creo que la Biblia y su interpretación pertenecen a la comunidad de fe, y no es para su uso privado.
❏ Me perturba la Biblia a causa de su contenido.
❏ Creo que es el pastor o la pastora quien debe contarles a las personas lo que dice la Biblia.
❏ No sé por dónde empezar ni cómo tener un plan para la lectura de la Biblia.
❏ Estudio la Biblia para adquirir conocimientos sobre el encuentro de Dios con la humanidad.
❏ Creo que estudiar la Biblia nos lleva a Cristo.
❏ La Biblia es la historia de Dios y nuestra historia.
❏ Me parece que creer en la Biblia lleva a una vida próspera.
❏ Creo que la encarnación, muerte en la cruz y resurrección de Cristo son fundamentales para ser una comunidad comprometida con las Escrituras.
❏ Pongo en duda qué tan confiable es la Biblia.
❏ Creo que cada palabra en la Biblia es una verdad basada en los hechos.
❏ Creo que cada persona cristiana debe involucrarse en el estudio bíblico en la comunidad.
❏ Creo que, por medio del compromiso con las Escrituras, las personas se fortalecerán para la misión y ministerio en la vida cotidiana.
❏ Creo que las Escrituras interpretan a las Escrituras en lugar de tomar pasajes bíblicos aislados o fuera de contexto.
❏ Interpreto la Biblia en términos de pecado y gracia (exigencia y promesa).
❏ Otros pensamientos que tenga *sobre* la Biblia:
_____
_____
_____

3. ¿Cómo *usa usted* la Biblia ahora? (Marque todo lo que aplique)
❏ De ninguna manera personal porque no tengo una Biblia
❏ En la lectura diaria de la Biblia
❏ Como fuente de ayuda en tiempos de tribulación
❏ Para ayudarme a despertar a la situación humana y al amor incondicional de Dios
❏ Para devociones y/o conversaciones entre amigos y/o familiares
❏ Para debates y crecimiento dentro de mi comunidad de fe
❏ Para poner ante mí el reto de comprometerme en cuestiones de justicia social
❏ Asisto a un grupo de estudio bíblico fuera de mi congregación.

- ❏ Leo un libro de devociones diarias que tiene algunos pasajes bíblicos.
- ❏ La sigo cuando se leen las Escrituras en los servicios de adoración.
- ❏ Tengo una Biblia pero no la leo con mucha frecuencia.
- ❏ Estudio la Biblia por medio de internet.
- ❏ Con regularidad leo las Escrituras para fortalecer a mi ministerio en la vida diaria.
- ❏ Me confunden por las interpretaciones de la Biblia que utilizan las personas que me rodean.
- ❏ Estudio la Biblia con otras personas como preparación para la enseñanza y/o predicación.
- ❏ Otras respuestas que quiera dar:
  _____
  _____
  _____

4. ¿Qué fuentes del mundo que le rodea influyen en la forma en que piensa e interpreta la Biblia?
- ❏ Libros que compré o recibí de un amigo o compañero de trabajo
  Ejemplos: _____
- ❏ Programas de radio
  Ejemplos: _____
- ❏ Amigos y personas con quienes paso tiempo cada semana
  ¿Qué ha aprendido de ellos?
- ❏ Oradores en talleres y asambleas sinodales (de conferencia, etc.)
- ❏ Internet, la red cibernética
  Ejemplos: _____
- ❏ Televisión, películas y DVDs. Ejemplos: _____
- ❏ ¿Otros? _____

5. ¿Qué enseñanza bíblica considera fundamental para su fe en la actualidad?
_____
_____
_____
_____

Parte 3 : ¿Qué necesidades tengo con respecto a la Biblia y su uso?

¿Qué le resultaría útil para su propio crecimiento personal? (Marque la primera columna para lo que cree que se necesita. Marque también la segunda columna si esto es algo en lo que participaría.)

Necesito   Podría
            Participar

____	____	Ayuda para desarrollar un plan de lectura de la Biblia
____	____	Habilidades básicas en la lectura e interpretación de la Biblia
____	____	Mayor entendimiento de los diferentes tipos de literatura bíblica
____	____	Más ayuda con la doctrina luterana en la interpretación de las Escrituras
____	____	Un curso avanzado de profundización en las Escrituras
____	____	Una oportunidad de aprender más sobre las diferentes maneras de enseñar la Biblia
____	____	Una oportunidad de ayudarme a conectar mi fe bíblica con la vida cotidiana
____	____	Más ayuda y experiencia a la hora de hablar de la Biblia con otras personas
____	____	Un espacio de tiempo para orar con las Escrituras y desarrollar algunas disciplinas espirituales
____	____	Una oportunidad de enseñar la Biblia a los demás
____	____	Un entorno seguro donde se puede hablar con honestidad sobre cuestiones de la Biblia
____	____	Otros _____

2. ¿Qué cree usted que se necesita en esta comunidad de fe y en este organismo eclesial? (Marque todo lo que aplique.)
- ❏ Deseo que mi iglesia sea más clara sobre cómo interpretar la Biblia.
- ❏ Creo que necesitamos diferentes tipos de oportunidades para estudiar la Biblia.
- ❏ Creo que el número de oportunidades para el estudio bíblico que tenemos ahora es más o menos el correcto.
- ❏ Creo que necesitamos grupos pequeños para ayudar a las personas a compartir la fe de manera solidaria y comprensiva.
- ❏ Creo que las reuniones eclesiales deben empezar con un estudio bíblico.
- ❏ Creo que necesitamos más métodos para estudiar las Escrituras.
- ❏ Creo que necesitamos más estudios bíblicos para grupos en estas categorías:
    - ❏ niños
    - ❏ jóvenes

- ❏ jóvenes adultos
- ❏ adultos y adultos mayores
- ❏ Creo que necesitamos capacitación para que más personas sepan cómo enseñar la Biblia.

Parte 4 : ¿Qué puedo vislumbrar?

En base a la situación actual y a las necesidades que indicó más arriba, ¿qué vislumbra en el futuro para usted y esta comunidad de fe? ¿Qué participación y liderazgo está usted dispuesto o dispuesta a brindar?

1. Puedo vislumbrar: (Marque todo lo que aplique.)
- ❏ Personas que aman las Escrituras y están sedientas de escuchar y leer más
- ❏ Personas no debilitadas sino fortalecidas para la misión y el ministerio
- ❏ Personas enriquecidas y equipadas para el liderazgo
- ❏ Personas que utilizan la Biblia con mayor regularidad para la oración individual
- ❏ Una comunidad de adoración que reconoce los temas bíblicos en la liturgia
- ❏ Un entorno seguro donde las personas no tienen miedo sino que están abiertas a diferentes significados que pueda tener un texto de las Escrituras
- ❏ Personas capaces de utilizar su conocimiento bíblico para cuestionar, aprender y enseñar
- ❏ Personas que compartan historias bíblicas entre generaciones
- ❏ Una comunidad capaz de afirmar y usar la teología luterana
- ❏ Una comunidad capaz de hablar con fluidez sobre su fe en Jesucristo, tanto dentro de la congregación como a personas fuera de la congregación.
- ❏ Una consistencia y fidelidad en el estudio continuo

2. ¿Qué participación y liderazgo está usted dispuesto a dar? (Marque todo lo que aplique.)
- ❏ Me gustaría formar parte de una clase de la Biblia.
- ❏ Planeo crecer de manera que sienta más seguridad a la hora de leer e interpretar la Biblia.
- ❏ Invitaré a algunas amistades a participar en el estudio bíblico.
- ❏ No deseo participar en un estudio bíblico en este momento.
- ❏ Me gustaría participar en un curso más avanzado del estudio bíblico.
- ❏ Me siento una persona principiante y agradecería una clase introductoria para empezar.
- ❏ Estoy dispuesto a enseñar o participar en un equipo de enseñanza para un curso sobre la Biblia.
- ❏ Me gustaría recibir algo de apoyo y/o capacitación en la enseñanza de la Biblia.
- ❏ Estaría dispuesto a contribuir a iniciar y/u organizar estudios bíblicos.

¿En qué entorno completó esta evaluación?
- ❏ En casa, a solas
- ❏ Con otros familiares o amistades
- ❏ En la iglesia con toda la congregación
- ❏ En una clase de estudio bíblico
- ❏ Otros: _____

Su comunidad de fe puede proporcionar una oportunidad para compartir reflexiones con toda la comunidad.

Nombre (Opcional) _____

Herramientas para la evaluación del Libro de la Fe

¿Por dónde comenzaremos?
Evaluación en grupo y herramienta de conversación

Empezamos recordando

1. ¿Qué oportunidades para estudiar la Biblia en grupo les ofrecieron en esta comunidad de fe en los últimos años? (Marquen todo lo que aplique)
   - ❏ Clases dominicales ❏ para niños ❏ jóvenes ❏ adultos
   - ❏ Escuela bíblica de verano
   - ❏ Clases entre semana ❏ para niños ❏ jóvenes ❏ adultos
   - ❏ Ministerio de confirmación y clases para adultos utilizando el estudio de la Biblia
   - ❏ Reuniones de mujeres y/u hombres entre semana
   - ❏ Series de estudios bíblicos a largo plazo
   - ❏ Grupos específicos. ¿Qué grupos?
   - ❏ Estudio en el lugar de trabajo
   - ❏ Grupos ecuménicos
   - ❏ Otros _____

2. Como comunidad de fe, compartan experiencias de un buen estudio bíblico; por ejemplo, ciertas clases, maestros y maestras, ministerio de confirmación, en un campamento, en un retiro, en grupos de mujeres y hombres, en desayunos de oración: _____

3. Compartan entre sí los retos o decepciones que han enfrentado de manera individual o como una comunidad de fe, en años anteriores, con respecto al estudio de la Biblia: _____

4. Cuenten historias de cómo se utilizó la Biblia en momentos de transición, crisis o celebración, y lo que eso significó para ustedes: _____

Herramienta de evaluación del Libro de la Fe. Copyright © 2008 Augsburg Fortress.
Puede reproducirse para su uso local.

Cómo Abrir el Libro de la Fe

5. Si volvemos la vista atrás, ¿qué *métodos* para estudiar la Biblia se utilizaron en esta comunidad de fe en años pasados? (Marquen todo lo que aplique.)
- ❏ Los maestros *leían* la Biblia mientras nosotros *escuchábamos*.
- ❏ Los pastores y/o maestros dirigían *los debates* sobre la Biblia
- ❏ Los pastores y/o maestros daban *conferencias* sobre la Biblia.
- ❏ Los líderes laicos *se turnaban* para dirigir los *debates*.
- ❏ *Pocos métodos* fueron utilizados porque, en conjunto, tuvimos muy pocos estudios bíblicos.
- ❏ Los estudiantes llenaban los *cuadernos de ejercicios*.
- ❏ Los estudiantes memorizaban versículos de la Biblia.
- ❏ Las personas realizaban *lecturas dramáticas y representaban* historias bíblicas.
- ❏ Las personas utilizaban *medios de comunicación* (películas, videos, etc.) para enseñar la Biblia.
- ❏ Otros recuerdos: _____

6. Piensen en cuál de estas experiencias fueron inútiles, aburridas, perturbadoras o desalentadoras y cuáles fueron útiles, atractivas y transformadoras. ¿Por qué fueron así?

_____
_____
_____

7. A lo largo de los años, ¿cuáles recuerdan que fueron las actitudes e impresiones en relación con la Biblia en la vida de esta comunidad de fe?

_____
_____
_____

¿Dónde nos encontramos ahora?

1. Qué diferentes versiones (incluyendo las traducciones y paráfrasis) de la Biblia utilizan las personas en su comunidad de fe?
- ❏ Versión Popular Dios Habla Hoy
- ❏ Nueva Versión Internacional
- ❏ La Biblia de Jerusalén
- ❏ La Biblia Latinoamericana
- ❏ La Biblia de las Américas
- ❏ Reina-Valera 1960
- ❏ Reina-Valera 1995
- ❏ Reina-Valera Antigua
- ❏ Versión Electrónica
- ❏ Otras Versiones:

Herramientas para la evaluación del Libro de la Fe

Actividad de grupo y conversación

Para una reunión de todas las personas participantes o de un comité, consejo congregacional, grupo de estudio, etc., se recomienda que se les pida a las personas que traigan sus propias Biblias. Coloquen todas las versiones sobre la mesa y exploren la colección. Pidan a las personas que compartan cómo utilizan su Biblia. Pídanles que cuenten historias de cuándo y cómo adquirieron esa Biblia en particular.

2. ¿Qué oportunidades para la lectura y estudio de la Biblia ofrece ahora esta comunidad de fe?
   - ❑ Clases dominicales ❑ para niños ❑ jóvenes ❑ adultos
   - ❑ Escuela bíblica de verano
   - ❑ Clases entre semana ❑ para niños ❑ jóvenes ❑ adultos
   - ❑ Ministerio de confirmación y clases para adultos utilizando el estudio de la Biblia
   - ❑ Reuniones de mujeres y/o hombres entre semana
   - ❑ Series de estudios bíblicos a largo plazo
   - ❑ Clases para grupos específicos
   - ❑ Biblioteca de la Iglesia con recursos para el estudio bíblico
   - ❑ Estudio con la Biblia utilizando internet
   - ❑ Modelo de "escuela laica de religión" en la zona, conferencia o sínodo locales
   - ❑ Grupos ecuménicos
   - ❑ Alcance evangélico por medio del estudio bíblico en el barrio o lugar de trabajo
   - ❑ Otros: _____

3. Además de la lectura de lecciones bíblicas y la proclamación de la Palabra en la adoración, ¿qué otros *métodos* de compromiso con la Biblia utiliza actualmente su comunidad de fe? (Marquen todo lo que aplique)
   - ❑ *Presentaciones* de la Biblia por medio de historias, conferencias, películas, PowerPoint, etc.
   - ❑ *Debates* en grupos pequeños sobre el significado de las Escrituras.
   - ❑ *Foros* que empiezan con *problemas globales* y temas de la *vida cotidiana* y entran al estudio de las Escrituras
   - ❑ El *relato* de historias bíblicas
   - ❑ Estudio de las Escrituras en grupos de planificación del coro o la *adoración*.
   - ❑ *Memorización*
   - ❑ Uso de *artes, artesanías, música*
   - ❑ *Representación* de historias bíblicas
   - ❑ Estudio bíblico por medio de *correos electrónico, blogs,* o *sitios en internet*
   - ❑ Dirección espiritual y *oración* con las Escrituras
   - ❑ Lectura bíblica y *devocionales* en grupos familiares
   - ❑ Grupos de *ayuda* pastoral y *apoyo* entre compañeros que leen juntos las Escrituras
   - ❑ Otros: _____

4. ¿Qué fuentes (incluidas las "seculares" y "cristianas") influyen en la forma en que las personas en esta comunidad de fe piensan en la Biblia y la interpretan?
- ❏ Libros Populares. Ejemplos:
- ❏ Emisiones radiales. Ejemplos:
- ❏ Amigos, familiares y compañeros de trabajo
- ❏ Televisión, películas y DVDs. Ejemplos:
- ❏ Internet/La red cibernética
- ❏ Otros: _____

5. ¿Qué oportunidades educativas está ofreciendo actualmente esta comunidad de fe a aquellos que ya están enseñando o que se están preparando para enseñar la Biblia?
- ❏ Crecimiento en el entendimiento e interpretación de la Biblia como un Libro de la Fe
- ❏ Crecimiento en la Teología Luterana para abrir las Escrituras
- ❏ Crecimiento en la comprensión de las etapas del desarrollo de la fe a lo largo del ciclo vital
- ❏ Crecimiento de la capacidad en el uso de una variedad de métodos para el estudio bíblico
- ❏ Crecimiento en cómo ayudar a las personas a conectar la Biblia con su ministerio en la vida cotidiana
- ❏ Crecimiento para compartir las Escrituras con personas nuevas a la fe
- ❏ Crecimiento en cómo ayudar a las personas a conectar las Escrituras con cuestiones de justicia
- ❏ Crecimiento en el uso de la Biblia en clases de catecismo para jóvenes y adultos

6. ¿Cuál es la expansión de interpretaciones y creencias bíblicas sobre la Biblia que están presentes en esta comunidad de fe? (Marquen todo lo que esté representado.)
- ❏ La Biblia es infalible y debe ser leída como una verdad literal.
- ❏ La Biblia es la Palabra de Dios.
- ❏ La exactitud histórica de la Biblia es cuestionable en muchos lugares.
- ❏ La Biblia es libro de guía para la vida moral.
- ❏ La Biblia nos cuenta historias interesantes e importantes sobre pueblos antiguos.
- ❏ La Biblia está abierta a múltiples interpretaciones e incluso contiene ambigüedades.
- ❏ La Biblia versa sobre la condición humana y el amor incondicional de Dios.
- ❏ La Biblia es sólo un libro de historias interesantes.
- ❏ La Justificación por la Gracia por medio de la Fe centra el compromiso con la Biblia.
- ❏ La Biblia es el libro de fe de la comunidad, no es sólo para su uso privado.

❏ El compromiso con la Biblia por medio del estudio, la oración y la conversación satisface una profunda sed espiritual y una necesidad de sentido en la vida de las personas.
❏ La Biblia puede ayudarnos a ser una comunidad de fe y el Cuerpo de Cristo en el mundo.
❏ El compromiso con las Escrituras ayuda a los bautizados a realizar sus vocaciones en la vida cotidiana.
❏ La creencia en la Biblia lleva a una vida de prosperidad.
❏ La encarnación, muerte y resurrección de Cristo son fundamentales para el compromiso con las Escrituras.
❏ Sólo el pastor determina las verdades bíblicas.
❏ Las Escrituras interpretan a las Escrituras.
❏ Personas de todas las edades y circunstancias, incluidos niños, pueden comprometerse con la Biblia.
❏ La Biblia habla directamente de cuestiones morales en la actualidad.
❏ La Biblia predice sucesos actuales o sucesos en el futuro.
❏ La comunidad oye la Biblia como ley y evangelio.
❏ Estudiar la Biblia como libro de fe equipa a las personas para el discipulado.
❏ Otras interpretaciones y creencias sobre la Biblia presentes en esta comunidad de fe:

7. Los siguientes obstáculos para comprometerse con la Biblia se encuentran en esta comunidad de fe: (Marquen todo lo que aplique.)
❏ Las Escrituras suelen enseñarse y leerse de maneras que son confusas o, sencillamente, aburridas.
❏ Las personas, especialmente los jóvenes y los jóvenes adultos, tienen muy pocos modelos
positivos para un compromiso significativo con las Escrituras.
❏ Se ofrecen oportunidades para el estudio bíblico pero las personas no acuden.
❏ El mismo leer es un reto para algunas personas.
❏ Las personas que son fundamentalistas y literalistas parecen estar dominando ahora cómo se interpreta la Biblia y cómo se considera en nuestra sociedad la lectura de la Biblia.
❏ Las personas creen que la Biblia es un texto antiguo que, en realidad, no tiene nada que decir a las vidas reales de las personas en la actualidad.
❏ Las personas se muestran suspicaces con las invitaciones a unirse a un estudio bíblico y se resisten a participar.
❏ Las personas oyen un lenguaje teológico que no entienden.
❏ Las personas están demasiado ocupadas para estudiar la Biblia.
❏ Toda la violencia en la Biblia es problemática.
❏ Las personas ven inconsistencias en la Biblia y les gustaría que la Biblia les diera respuestas sencillas a problemas complejos.

8. ¿Qué estudios bíblicos han sido dirigidos por un pastor o pastores en los últimos dos años?

9. ¿Qué estudios bíblicos han dirigido otros líderes al miniserio autorizado de la iglesia en los últimos dos años?

10. ¿Qué estudios bíblicos han dirigido personas laicas en los últimos dos años?

11. ¿Qué sabe esta comunidad de fe de la interpretación bíblica en otras denominaciones cristianas? ¿Cómo utilizan la Biblia otras iglesias de la zona? ¿Se ofrecen estudios ecuménicos en esta comunidad?

Para la conversación en grupo

Inviten a personas cristianas de diferentes denominaciones a reunirse para hablar de las maneras en que utilizan la Biblia. Hablen de las diferencias o similitudes en interpretación bíblica dentro de su comunidad de fe y entre los diferentes organismos eclesiales y de dónde viene la diversidad de interpretaciones.

12. Para una posterior exploración si es posible:
¿Qué saben las personas en esta comunidad de fe de los textos sagrados de otras confesiones; por ejemplo, el Corán?
Para una posible conversación:
Inviten a personas de diferentes confesiones religiosas a reunirse para compartir los temas centrales de sus textos sagrados. Hablen entre sí de los textos básicos que son el centro de la fe.

¿Qué necesidades tenemos?

1. ¿Existe un entorno seguro para que las personas hablen de sus diversos y estimulantes, e incluso contradictorios, puntos de vista sobre lo que significa la Biblia? ¿Cómo sería un lugar donde las personas pueden ser abiertas y honestas a la hora de hacer preguntas y compartir dudas? ¿Qué son estos lugares? ¿Qué se necesita todavía? ¿Cómo pueden los líderes contribuir a crear lugares dignos de tal confianza?

2. ¿Pueden las personas utilizar la Biblia como libro de fe para compartir la Buena Nueva de Jesucristo con miembros de sus familias? ¿Con sus amigos? ¿Con personas con quienes pasan la semana? ¿Con un extraño? ¿Qué equiparía aún más a las personas que pueden hacer esto?

3. ¿Han experimentado las personas en esta comunidad de fe cualquiera de las siguientes cosas en relación a la lectura y estudio bíblico? (Marque todo lo que aplique.)

Herramientas para la evaluación del Libro de la Fe

❏ Timidez o incomodidad al hablar de su fe utilizando imágenes, historias y temas de la Biblia
❏ Sentimientos de culpabilidad o vergüenza por anteriores incapacidades para leer, entender o estudiar la Biblia
❏ Inhabilidad o falta de voluntad para convertir la lectura y estudio de la Biblia en una prioridad en sus vidas

¿Qué les ayudaría a superar estos sentimientos?

4. ¿Son las personas capaces de estudiar la Biblia de tal manera que puedan relacionarla con sus vidas cotidianas y ministerios cotidianos? ¿Qué métodos y recursos les ayudarían?

5. En un continuo, ¿está esta comunidad de fe básicamente llena de energía o de apatía en cuanto a su compromiso con la Biblia?

Apatía ———————————————————⟶ Energía

¿Qué ayudaría a esta comunidad de fe a emocionarse más con la lectura y estudio de la Biblia?

6. ¿Pueden las personas comprometerse con la Biblia de maneras que las ayuden a estar realmente dentro de los textos, para oír, ver, oler y degustar lo que está pasando con Dios y el pueblo de Dios? ¿Que los ayudaría a comprometerse con los textos de una manera más completa?

7. ¿Hay personas estudiando juntas la Biblia de maneras que las fortalezcan y equipen para llevar a cabo la misión de Dios? ¿Qué se necesita para ayudarlas a hacerlo?

Conversación en grupo: Creen una oportunidad abierta para hablar en profundidad sobre lo que creen las personas que es el llamado de su comunidad de fe para la misión en el mundo.

- Algunos quizás expresen la necesidad de compartir la gracia de Dios en Jesucristo.
- Algunos quizás hablen de su preocupación por nuestro planeta.
- Algunos quizás enfaticen atender a los pobres.
- Algunos quizás quieran estar mejor equipados para trabajar por la justicia y la paz.

¿Cómo promueve su estudio de las Escrituras estas cosas y más? ¿Qué se necesita?

8. ¿Qué se necesita para que las personas en esta comunidad de fe estén mejor equipadas para ser maestros de la Biblia?
❏ Tenemos suficientes maestros y maestras ahora con suficiente capacitación para la enseñanza.

❏ Tenemos más maestros que personas que quieren venir a las clases.
❏ Necesitamos más maestros para
    ❏ niños pequeños
    ❏ jóvenes
    ❏ jóvenes adultos
    ❏ adultos y adultos mayores
    ❏ Otros grupos. ¿Cuáles son?
❏ Nuestros maestros necesitan un estudio continuo en la Biblia y la interpretación bíblica.
❏ Nuestros maestros necesitan educación básica en cómo diseñar una clase y utilizar diferentes métodos para utilizar la Biblia en diferentes etapas de la formación de la fe.
❏ Los padres, padrinos de bautismo y abuelos necesitan estar mejor equipados para compartir la Biblia como libro de fe.
❏ Otras necesidades: _____

9. ¿Cómo se podría mejorar el papel del pastor o la pastora, o pastores en la enseñanza de la Biblia?

10. ¿Qué otros roles pueden tener otros líderes ordenados en la enseñanza de la Biblia?

11. ¿Cómo podría una conferencia o grupo de congregaciones ofrecer educación continua para la enseñanza?

¿Qué vislumbramos?

Conversación de grupo: Den a cada persona tiempo para sentarse tranquilamente y escribir o pensar en sueños que tengan para el futuro:
¿Cómo se vería esta comunidad de fe si todos los miembros leyeran la Biblia diariamente y cada persona formara parte de un estudio bíblico en grupo de manera regular?
Imaginen una comunidad de fe en la que cada persona tenga numerosas oportunidades para el estudio bíblico en su etapa vital.

Tómese su tiempo para compartir esos sueños con el grupo.

1. ¿Qué se necesitaría para que se hagan realidad algunos de esos sueños? Conversen acerca de esto:
    ¿Por qué queremos comprometernos con la Biblia?
    ¿Quién se involucrará? ¿Quiénes serán líderes?
    ¿Qué dones tenemos entre nosotros en esta comunidad de fe?
    ¿Qué oportunidades de estudio bíblico tenemos ahora que debamos afirmar y apoyar?

¿Qué nuevas oportunidades debemos planear para empezar?
¿Cuándo debemos empezarlas?
   ¿De inmediato?
   ¿Después de cierta exploración y planificación?
   ¿Cuándo y dónde deberían estar?
   ¿Cómo haremos esto?
   ¿Cómo podemos reforzar los dones que tenemos ahora entre nosotros en esta comunidad de fe? ¿Qué educación y equipo serán necesarios?

2. ¿Qué dificultades imaginan?
❏ Las personas no dedicarán el tiempo para venir.
❏ Las personas no se pondrán de acuerdo.
❏ Las personas dirán que van a venir y empezarán pero no continuarán.
❏ Las personas no confiarán lo suficiente entre sí para reconocer las diferencias y hablar de ellas.
❏ Las personas se dividirán más por las cuestiones sociales en base a diferentes interpretaciones de la Biblia.
❏ Otros: _____

3. Algunas ideas para responder a los retos y poner en práctica sus visiones: (¡Sean valientes!)
A. "No hay en estos momentos suficientes personas que asisten al estudio bíblico del domingo por la mañana". Entonces, inicien dos más. Las personas quizás necesiten una variedad de métodos, tiempos y lugares.
B. "A las personas no les parece relevante la Biblia para sus vidas cotidianas". Entonces, vayan a los lugares de ministerio diario donde se encuentran las personas. Caminen con ellas, y escúchenlas expresarse en los "idiomas" de su lugar de trabajo; en la oficina, el taller, la cafetería o la clínica de salud, etc. Empiecen por las preguntas que hacen las personas en medio de sus vidas cotidianas.
C. "Tenemos que enfatizar más el evangelismo que la educación". Entonces, pongan en marcha un estudio bíblico en la comunidad. Y quizás puedan cooperar con socios ecuménicos. Acérquense a los demás para compartir la Buena Nueva y compartir las Escrituras de manera que ayuden a las personas a crecer en esa Buena Nueva.
D. "Las personas preferirían dedicar su tiempo a actividades de ocio". Entonces utilicen la televisión, las películas, las novelas, internet como oportunidades para hablar y comprometerse con los temas bíblicos.
E. "Las personas están tan divididas por cuestiones sociales, y todo acaba en desacuerdo sobre cómo interpretar las Escrituras". Entonces pongan en marcha una clase sobre diferentes formas de interpretar las Escrituras. Escúchense bien entre sí.
F. "Necesitamos más estudios bíblicos para nuestros jóvenes que los que necesitamos para los adultos". Entonces pongan en marcha clases para adultos. Los jóvenes necesitan ver a

adultos cuestionando, estudiando y creciendo en su propia fe, profundizando en las Escrituras y haciéndose fuertes en su capacidad para hablar de Dios. Use estos adultos en crecimiento como mentores y guías y maestros de los niños y los jóvenes.

Lleven a cabo un juego de roles con sus propias preocupaciones y declaraciones de resistencia. Hagan un juego de roles con sus propias visiones audaces sobre qué hacer y dónde empezar.

4. Imaginen específicamente algunas áreas en las que concentrarse. Marquen las que serían útiles en su comunidad de fe. Quizás deseen numerarlas para establecer prioridades en su lista
- ❏ Comunidad y lugar de trabajo
- ❏ Entornos familiares
- ❏ Grupos pequeños
- ❏ Foros de fe sobre cuestiones éticas y de justicia
- ❏ Grupos específicos; por ejemplo, consejo congregacional, grupos de apoyo en el dolor, grupos de mujeres, grupos de desayuno para hombres, preparación para el matrimonio
- ❏ Planificación de la adoración para ser más conscientes de las Escrituras en la liturgia
- ❏ Todas las reuniones en la comunidad de fe (como parte regular de estas reuniones)
- ❏ Formas artísticas de encontrarse con las Escrituras (arte, música, drama...)
- ❏ Estudios bíblicos congregacionales o inter-congregacionales por medio de correos electrónicos, blogs o sitios en internet
- ❏ Educación continua para un estudio más avanzado de las Escrituras
- ❏ Sínodo, conferencia o eventos de grupos
- ❏ Eventos congregacionales o multi-congregacionales de preparación para educadores
- ❏ Otros: _____

5. Con la gracia del Espíritu, imaginen cómo se podría describir esta comunidad de fe en cinco años:
- ❏ Personas que aman las Escrituras y que están sedientas de oír y leer más
- ❏ Una consistencia y fidelidad en el estudio continuo
- ❏ Personas no debilitadas sino fortalecidas para la misión y el ministerio
- ❏ Personas enriquecidas y equipadas para el liderazgo
- ❏ Personas que utilizan la Biblia con mayor regularidad para la oración personal
- ❏ Personas que comparten la Biblia como un libro de fe entre generaciones
- ❏ Un entorno seguro donde las personas no tienen miedo sino que están abiertas a diferentes significados en un texto de las Escrituras

- ❏ Personas capaces de utilizar su conocimiento bíblico para cuestionar, aprender y enseñar
- ❏ Una comunidad capaz de afirmar y usar su teología luterana
- ❏ Una comunidad capaz de hablar con fluidez sobre su fe en Jesucristo
- ❏ Otros: _____

6. ¿Qué participación y liderazgo se disponen ustedes a brindar?
- ❏ Me gustaría incorporarme a una clase de la Biblia.
- ❏ Planeo crecer de manera que me sienta más seguro a la hora de leer e interpretar la Biblia.
- ❏ Invitaré a algunos amigos a participar en el estudio bíblico.
- ❏ No quiero participar en un estudio bíblico en este momento.
- ❏ Me gustaría participar en un curso más avanzado del estudio bíblico.
- ❏ Me siento como un principiante y agradecería una clase desde donde estoy ahora.
- ❏ Estoy dispuesto a enseñar o participar en un equipo de enseñanza para un curso sobre la Biblia.
- ❏ Me gustaría recibir algo de apoyo/capacitación en la enseñanza de la Biblia.
- ❏ Me dispondría a contribuir a iniciar/organizar estudios bíblicos.

¿En qué contexto completó esta evaluación?
- ❏ En casa, a solas
- ❏ Con familiares o amistades
- ❏ En la iglesia con toda la congregación
- ❏ En una clase de estudio bíblico
- ❏ Otros: _____

Su comunidad de fe puede proporcionar una oportunidad para compartir reflexiones con toda la comunidad.

Nombre (Opcional) _____

Printed in the United States
220966BV00004B/2/P